ちくま文庫

世界の犬の民話

日本民話の会
外国民話研究会　編訳

筑摩書房

世界の犬の民話【目次】

第二章　人間と縁を結んだ犬——由来の話　59

第五章　月をかむ犬――人を助ける犬と狼　197

第六章　犬と友だちになったコヨーテ――動物たちのつきあい

世界の犬の民話

はじめに

今、日常生活でもっとも人間に親しい動物といえば犬と猫でしょう。その犬と猫にまつわる話をまとめることになりました。犬は猫よりはるかに先に——二万年から一万五千年くらい前とされています——人間界へやってきました。本書には、犬のほか、狼、コヨーテ、ジャッカルが入っています。同じ犬族の狐は、話の量が多いことや狡《こう》猾《かつ》というキャラクターが世界的に確立していることから、別なまとめ方も考えられるとして今回はふくめませんでした。

さて、一族のうち、犬と狼は対立したイメージでとらえられています。狼が残忍さや貪欲《どんよく》さ——これはまた力強さの裏返しでもありますが——そして野生のシンボルとすれば、犬は献身的で人間の忠実な、最良の友という位置づけです。

しかし、神話や伝説の中での犬一族はともに時には敬われ、時に恐れられるという存在でした。例えば、敬われる立場としては、穀物や火をもたらす文化英雄だったり、一族の先祖を人と動物の結婚からとする始祖伝説の主役だったり、と。

中国「パミチャリエ」（第一章2）では人間のために籾《もみ》の種をとってくるのは犬であり、アメリカ「火を盗んだコヨーテ」（第一章1）ではタイトルどおり、みんなのために雷をだまして火を得るのはコヨーテです。草原狼、アメリカ狼ともいわれるコヨーテはかの地では文化英雄であり、トリックスターの座を占めています。

始祖伝説では中国の盤瓠《ばんこ》がよく知られています。「皇帝が敵の首をとってきた者に皇女を与えるといったところ、犬がとってきたため、約束を守って皇女と犬は山中で暮らし、ある一族の祖となった」というものです。「犬が難病を治して人間の女を得た」という台湾の話も同じく功績による人と動物の結婚話になるでしょう。

おなじ犬祖でも「大洪水でただ一人生き残った女と犬が夫婦になり、祖となった」とする話はベトナムやメキシコ、日本（宮古島）にもあります。

一方、狼を祖とする話で有名なのはモンゴルの「蒼《あお》き狼」でしょう。チンギスハンが蒼き狼の子、とするものです。狼祖の話はアジアからトルコまでひろがっているようで、牧畜民に多く、犬祖は狩猟民に多くみられるようですが、共に人間の女と動物の男という組み合わせが一般的で、虎祖などの他の動物でもこの組み合わせの率が高くなっています。

また、祖ではありませんが、将来の英雄となる孤児を育てる狼や犬もいます。古くはローマを築いたロムレスとレムスを育てた話が有名です。ドイツの「犬に育てられた男の子」（第五章16）も犬に育てられた孤児が一族の祖となっています。

犬一族は天体ともつながりをもっていました。中国「月をかむ犬」（第五章7）は月食の由来を犬が月をかじるからと説明し、先の「パミチャリエ」でも日食は「天神によって差し向けられた天の犬が太陽をかむ」ためとしています。その太陽や月をかじる動物を追い払うため、地上の人々は太鼓《たいこ》などを叩いて大きな音をたて、犬をおどかし、かじるのを食いとめようとしました。

ロシアのバシキールにはノロジカを追って月へ飛んだ狼がいたり、アメリカには「天に星を配置した」コヨーテがいたりします。これら天体と動物の話は本書のシリーズ『世界の太陽と月と星の民話』（三弥井書店）におさめられていますのでご参照ください。

恐ろしいだけの狼には北欧神話のフェンリルがいます。つながれた狼が自由になるとき、この世の終わりがくるとされ、またアルタイのある部族でも天馬をねらう狼がいて、同様に天馬が狼に食われるとこの世の終わりとされています。

しかし「魔的な狼」の話はあまり多くはありません。それは、現実の狼が家畜を食う者として人間の敵とみなされ、憎み、戦う相手とされてしまったせいかもしれません。本書では第四章の「狼の智恵」が人間への狼の敵意をあらわしています。「寝ている人間を狼が襲うときは、まず体を水でぬらし、その水で火を消してから」というモチーフはヨーロッパにかなりひろまっていたようで、歌にもなっていたようです。この「水をふりかけて火を消す狼」は日本にもいました。

東京の檜原村の話ですが、「猟師が狼の子を育て、なついたので猟につれていった。野宿し、焚き火にあたたまりながらうとうとしていると、おとなしかった狼が近くの川へいって水をかぶり、火にかけた。何回も水をかけて火が消えそうになったとき、猟師ははっと気づき、かわいがっていた狼だが撃ち殺した」というものです。「何年飼っても狼は狼」と。

また人を襲う狼ではラトビアの「狼ばしご」があります。夜、木の上に避難している旅人を狼が次々と背中にのって、はしごのようになってせまってくるというもの。日本では「鍛冶屋の婆」の話ですが、日本とはちがって「狼が婆を食い、人間に化けていた」という部分はありません。ヨーロッパ圏では狼は人には化けず、せいぜい「赤ずきん」の狼が人のふりをするくらいです。

代わりに人が狼になる「人狼」の方がずっとひろまっていました。これら人狼の話は、こちらも本書のシリーズ『世界の魔女と幽霊』（三弥井書店）に何話もおさめられていますので、ここでは割愛《かつあい》しました。

逆に「人間の最良の友」である犬の方は「魔的な要素を持つ」話が多く集まりました。例えば、「夜の狩人」タイプの話はヨーロッパの各地に広くみられます。深夜、激しく吠える犬の群をひきいた軍勢が空中を疾走していく、というもので、これはゲルマンの神オーデンのながれをくむものとも、悪行により永遠に狩りをすることを運命づけられた霊とも諸説いわれています。人々はこれに出会うのをとてもおそれていました。

そしてまた犬は各地で冥界とつながりがあるとされてきました。中米では犬が異界との川を渡すといい、メキシコでは埋葬のときに冥界への案内役として犬をそなえたといいます。インドでは死者の王ヤマのお使い犬、エスキモーの大母神セドナの海底の家（異界）の前にはセドナの結婚相手である犬が守っています。エジプトでは殺された王オシリス（のち冥界の王）の体をジャッカル神がつなぎ合わせています。

そのため「犬は霊を見る」という俗信も各地にあります。ロシアでは「犬が上を向いて吠えれば死人、下を向いて吠えれば火事」といっていました。チェコの「遠吠え」（第三章5）はまさに死の予言をしています。

本来「人の友」である犬も、再々人を害する行動をとります。韓国「怪犬」（第四章2）では五年飼った犬は人を殺す、といわれていますが、先の檜原の狼に近い話といえるでしょう。また、犬も獲物を千頭とると狼になるともいわれています。

同族である狼と犬がなぜ別の道をとることになったのでしょうか。なぜ犬が人間のもとにやってきて、同じ動物を狩る側にたったのか。犬と暮らすことになった人々にとってじつに不思議だったに違いありません。多くの民族でそのわけを考えてきました。その結果、一番多くいわれているのが事大主義、つまり「より強いものを次々と求め、最後に人間にたどりついた」とするもの。中国「人間と縁を結んだ犬」（二章2）のほか、グルジア、ウクライナ、インドなどにもあります。アフリカには他の動物にひどい目にあい、復讐のため助けを求めて人間のところへくる犬もいました。これもやはり最も強い者を求めて、ということになるでしょう。

ほかにも犬には由来の話が豊富です。たいていの動植物では由来があっても一つのものごとの説明で、例えば鳥ならばその鳴き声について、また特徴的な姿の説明、なぜ尻尾が短いのか、耳が長いのか、をといていますが、犬にはいくつもの由来がありまず。なぜ片足をあげておしっこをするのか、なぜワンワンとなくのか、なぜお互いににおいをかぐのかなど。そして性格の近さから犬はかつて人間だったとさえいわれています。それだけ人に近くなっていたということでしょう。

こうして人とともに暮らしてきた犬は一途に人につくし、人の忠実な友となりました。ロシアには「妻よりも犬を信用」するという諺《ことわざ》があるほど。人に害を与える犬がいても、やはり忠犬は犬の話のメインテーマとなっています。第五章には昔話、伝説、世間話の中で人につくし、時に報われずに死んでしまった話を紹介しています。主人を助けようとしたのに害をなそうとしたと誤解され、冤罪《えんざい》で殺されてしまう犬までいました（AT178A）。火を消そうとした狼は主人を殺そうとしたと思われて、撃ち殺されてしまいました。

狼の子も犬と同様で育てるとよくなつくといいます。台湾では山にいる犬の子をさらってくる、という話もあります。フランスにも人に飼われ、なつき、主人が火のそばで寝ているときに体に水をかぶり、火を消そうとした狼の話があるといいます。ただし、こちらの理由は火の不始末を心配し、消そうとした、ということになっていますが。ここまでくると韓国「義狗碑」（第五章14）――野火に囲まれているのに眠りこけている能天気な主人のために水をふりかけて消そうとし、疲れ果てて死んでしまった忠犬――まであと一歩です。

イギリス「護衛」（第五章11）は日本の「送り狼」を思わせます。送り狼は時に「途中でころべば食いつく」とか「履き物の紐《ひも》がほどけたら、ことわってからかがまないと飛びかかってくる」といいます。「護衛」とドイツ「化け物犬」（第三章3）をたしたような話でしょうか。

こうして世界中で犬が人間にぴったりよりそって暮らすようになった一方、人と距離をおいたままの狼はどうなったでしょうか。話の中の狼はギリシャ時代のイソップ物語ですでに「強欲、傲慢、うぬぼれや」の性格づけをされ、これがのちの寓話でも受け継がれ、昔話では「大食いで、たえず狐にだまされるドジなやつ」とされてしまいました。実社会でも家畜を襲う害獣として憎まれ、フランスなどでは人狼伝説の広がりで嫌われ者となり、迫害された結果、いくつもの国で絶滅してしまいました。

そのかわり文学の中では誇り高く魅力に満ちた存在として、例えばジャック・ロンドン『白い牙』などにえがかれています。「族長の息子の犬」（第五章12）は狼ではなく犬ですが、人間と対等という意識を持つ狼の性質をのこした存在をあらわしているようです。今日、狼の復活の試みが始まっていて、一部の地では成功しています。

犬の一族の話は数が多く、ずいぶんとけずりました。同時に狼の話もだいぶ少なくなってしまいました。本書にはジャッカルも残念ながら二話しかはいりませんでしたが、コヨーテと同じように、アフリカの話の中では活躍しています。

本シリーズも今回で八冊目となりました。この『世界の犬の民話』と対をなす『世界の猫の民話』とあわせて二冊の資料集の発行にもかかわらず、快く応じてくださった三弥井書店、吉田社長、そして吉田智恵氏に深く感謝いたします。

二〇〇九年七月

外国民話研究会
渡辺節子

ATU分類について

世界中に分布する昔話には、細かいところでは違いがあっても、おそらく誰が読んでも、誰が聞いても、「ああ、同じ話だ」と感じることのできる話がたくさんあります。

そういうことに気がついた研究者が、「これは、植物や動物のように分類することが出来るのではないか」と考えても不思議ではありません。

それを実行したのはフィンランドの民俗学者アールネ（Aarne）でした。彼が最初に作成した分類をもとに、アメリカのトンプソン（Thompson）が一九六一年に増補改訂したカタログが、二人の頭文字をとってATとして定着していましたが、その後、資料の発見がふえたことから、二〇〇四年にドイツのウター（Uther）によって大々的に改編されました。現在はウターの頭文字を加えた、ATUが使われています。

分類は、動物昔話、魔法昔話、宗教的昔話、現実的昔話（ノヴェラ）、愚かな鬼（巨人、悪魔）、笑話と小話、形式譚に大きく分けられていて、一番から二三九九番まで通し番号が付けられています。また各項目はさらに細かく分けられています。

この分類にきっちり収まらないときは cf.（参照）記号を付けたり、複数の番号を＋記号でつないで表すこともあります。

より詳しくは、『国際昔話話型カタログ 分類と文献目録』（ハンス＝イェルク・ウター著、加藤耕義訳、小澤俊夫日本語版監修、小澤昔ばなし研究所、二〇一六年）を参照してください。

（剣持）

凡例

・話の題名の下に民族（国名）、または国名〈地域〉を示した。
・本書に収めた話は、それぞれの原語資料から直接訳出したものである。訳者自身が聞き書きしたものについては、それぞれの話のあとにその旨を記した。
・各話の題名は原題にとらわれず、またほかの題名とかさならないように配慮した。
・本文中の原注は〔　〕で示し、語句に関する訳注は本文中に（　）で示した。
・注のうち説明の長くなるものは本文中に〔注〕、（注）とつけ、話のあとに記した。
・話全体についての解説は、話のあとに記した。
・昔話の型のATU番号は、各話のあとに表示した。
・訳出した話の出典は、巻末にまとめた。

第一章　火を盗んだコヨーテ——神話の世界

1　火を盗んだコヨーテ　クラマス（アメリカ）

まだ火がなかった頃のこと。冬、みんなは暖まることができなかったし、食物は生で食べなければならなかった。火は雷のもので、白い大きな石の中にかくされていて、それを雷が見張っていたのだ。雷は恐くてだれもがおそれていた。たとえ熊でもピューマでも、雷のゴロゴロを聞くとふるえあがった。

だが、コヨーテだけはおそれなかった。コヨーテにとって恐いものはなかったのだ。

ある日、雷は特にきげんがわるくて、いつもより大きくゴロゴロほえたてた。地はふるえ、動物はみんなかくれてしまった。

コヨーテは、今こそ雷から火を取りあげる時だと決めた。雷が住んでいる山に登ると、雷は家にいた。コヨーテはいった。

「雷おじさん、サイコロ遊びをしようよ。もしあんたが勝ったらぼくを殺してもいいよ。けど、もしぼくが勝ったらあんたの火をもらうよ」

雷は「よし遊ぼう」と答えた。

二人は、ビーバーとウッドチャック（リス科の動物）の歯でサイコロを作った。ビーバーの歯はオスサイコロ、ウッドチャックの歯はメスサイコロ。歯の表に模様を彫り、平らな石の上で投げあう。ルールは、オスサイコロが表になれば二ポイント、メスサイコロが表になれば一ポイント、おあいこだったらカウントなし。小枝で数えた。

コヨーテはずるっこいトリックスター。あらゆる種のゲームでごまかすことはお手のもの。ひっきりなしに雷を混乱させたので、雷はコヨーテのたくらみに気づかなかった。雷は、ギャンブルにかけてはコヨーテの足元にもおよばない。雷の目がコヨーテの手を見つめていても、コヨーテは自分のサイコロの模様を表にしてしまうし、雷のサイコロは裏がえしてしまう。

雷の注意をそらせてまばたきさせ、その一瞬にカウントの小枝を雷の分から抜きとり、自分のほうへ加える。しまいには、雷はまったくわけがわからなくなってしまった。とうとうコヨーテは、小枝を全部自分の得点にし、雷はゼロ。

「雷おじさん、ぼくが勝ちましたよ、さあ、火を渡してちょうだい」とコヨーテはいう。

雷はコヨーテがごまかしたことを知っているが、証拠がない。

コヨーテは、中に火がはいっている大きな石を運ばせるために、動物たちをみんな、山頂にあつめた。その石はとても大きくて固そうだが、見かけより壊れやすいものだった。動物たちは石を運ぶ用意をした。

「そんなに急ぐな！　コヨーテがゲームに勝ったからその火をやるのだ。しかしあいつはごまかした。だからおれはコヨーテの命をもらう。どこだ？　殺してやる」と雷はどなる。

コヨーテは、雷がどう出るか見こしていた。コヨーテは自分の皮をひきはがし、しっぽも耳もすべてちょうど一枚のブランケットのようにして、いかにも雷の近くにいるように見せかけ、本物の体はずっと離していた。それから声色を使って、遠くからでなく一メートルぐらいのところからのように思わせた。

「ここですよ、雷おじさん、できるものなら殺してごらん」と大声で言った。

雷は火の入った大きな石を持ちあげ、コヨーテ目がけて投げつけた。石はこなごなに割れ、火がこぼれ出た。動物たちはそれぞれ小さな火のかけらを拾って、脇の下やつばさの下に入れて大急ぎで世界中へ散っていった。

火は地球上のあらゆる生きものに届けられた。コヨーテは注意ぶかく外皮を元どおりにつけなおした。

「さよなら、雷おじさん。ギャンブルをしてはダメですよ、よいことにはなりませんからね」と言って、走りさった。

（新開）

2 パミチャリエ　プミ（中国）

金の光をとる（あらすじ）

はるかなむかし、天上には太陽も月も星もなく、見渡す限り暗黒が広がっていた。ある時、一万年に一度咲くホラ貝の花が咲いて光った。この時海辺から遠く離れたところに、四人兄弟と一人の妹が住んでいた。すっぱだかで暗闇の中にいた五人兄妹はその光に大喜びし、妹と四男が探しに行くことにした。兄二人には反対されたが、三男のラオサンにはげまされて出発した。

暗黒の中一人の白髪頭のお婆さんがあらわれ、兄に昼間大地を照らし、妹に夜大地を照らすようにいうと、娘が夜はこわいと断った。それでは昼間照らすようにいうと、恥ずかしいと断ったので、お婆さんはししゅう針をわたして、見つめられたらこの針をその者の目に刺すようにいい、妹には火を、兄には白銀の花を一枝わたした。この時から妹は金の光を放つ太陽になった。今も太陽を直接見ようとする者は、娘の持っているししゅう針で目を刺される。兄は銀の光を放つ月になり、地上に昼間と夜ができ、木、花、草、動物が生まれた。地上の三兄弟は天上の妹と弟が裸の自分たちを見ているのを恥ずかしがり、動物の皮で服を作り、鳥が巣をかけているのを見て、木の枝で家を作るようになった。三人は森を開き、作物を作りはじめた。

天まであふれる大洪水（あらすじ）

三兄弟が開墾したところが、荒れ地にもどっているので、見張りのため、長男のラオダーは長い矛《ほこ》、次男のラオアールは大きな刀、ラオサンは木の棒を持って隠れた。真夜中大きな蛙が何度も飛びあがっては倒れた木を起こし、荒れ地を元どおりにしているのを見た上二人は武器を持ってとびだしたが、ラオサンは木の棒を捨て、急いで二人の兄を押さえた。蛙はうずくまると、白ひげのおじいさんに変わり、三日後、水が天まであふれ出し、おまえたちが開いた土地も全て元にもどってしまう、と伝える。

逃げる方法を聞くと、おじいさんは、「バーザージャーチューバン[1]」の大木だけは残るので、ラオダーは下の方に縄で自分をしばり、ラオアールは中程に縄で自分をしばるようにいった。ラオサンには黒牛の皮を縫《ぬ》って袋を作り、その袋に犬、猫、雄鶏と三つの石、二十七の団子を入れ、それから大木のてっぺんまで登って袋にもぐり込み、木のこずえにある「シャオジーチョン[2]」の巣穴に隠れ、出る時は石を落とし、その音で判断するよういった。

三日たって、おそろしい洪水がきた。木の下のラオダーと、中程のラオアールとが水に飲みこまれ、さらに水かさを増し、大木の先っぽが見えるだけになった。牛の皮袋に隠れていたラオサンは、波の音が次第に消えると黒い石を下に投げた。「ドン」と水の音が聞こえ、洪水はまだ引いていないことがわかった。また長い時間たって、黄色い石を投げるとはるか下の方で水に落ちる音が聞こえた。さらにまた長い時間がたって白い石を投げると遠くから石と石がぶつかる音が聞こえた。ラオサンは雄鶏を下に落とした。雄鶏は地上に降りると、のどを伸ばし「ウッウウー」と鳴きはじめたので、水は退散した。次にラオサンは犬を下に投げた。犬が落ちる時に「ガンガン(丘の意)ゴンゴン」と鳴いたので、洪水のために柔らかくなっていた大地は犬の鳴き声にしたがってすぐに深い渓谷や、くぼ地になった。最後に猫を投げると、猫は落ちながら「ミャアミャア」と鳴いたので、大地はその鳴き声にそって、平らな地面に変わった。地上に深い谷や平らな地面、川があるのはこうしてできたからだ。

ラオサンは皮袋からはい出し、大地から洪水はすでに消えているのを見た。地上にもどろうにも大木は高くて降りられない。この時巣の中のシャオジーチョンは羽を広げて飛ぼうとしていたので、ラオサンは馬乗りになり大地の上に降りる。

アクバディ（あらすじ）

大洪水のあと一人残ったラオサンは腹をすかせ暗い森に入り、ある洞穴で二匹の妖怪が向かい合って座っているのを見た。できもので目がふさがっている妖怪が、お互いに渡している食べ物を、ラオサンがとって食べる。ラオサンを見つけた妖怪が一口で飲みこむが、妖怪の食料のために臼《うす》をまわしている蛙が、甥っ子を吐きださないと臼をまわさない、といって吐きださせる。後から吐きだした耳を妖怪がつまんだり引っ張ったりして頭の両横につけた。今の私たちの耳の形はこのようにしてできたものだ。

蛙はラオサンを洞穴のところまで送り、煙が立っている高い山の方に行って神に助けてもらえ、と教える。この蛙の恩を忘れずに、プミ人は今も蛙をアクバディ（プミ語で「蛙おじさん」）と呼び、蛙を見たら道をゆずったり先に行かせたりする。

仙女との結婚（あらすじ）

ラオサンは高い山を目指し、青い煙がたなびく一軒の家を見つけた。中にはだれもおらず、机の上には清水の入った三つのお椀が並べられている。のどが渇いていたラオサンは一口ずつ三つのお椀から水を飲み、オンドルの下で眠った。この家は天の神様ムードーディンバの三人の娘が住み、昼間は妖怪退治をしている。帰って来た娘たちは水の入った三つの椀を見て、だれかに一口飲まれた、人間の匂いがするとさわぐ。ラオサンが笑いだし、裸なので出ていけないというと、三人の仙女が麻の反物を投げ、衣服、頭巾、靴とゲートルに変える。

若者の出現に仙女たちは喜ぶ。仙女たちがラオサンに弓矢を射るようにいい、手を見ると、その手は五本の指の長さがみなそろい、親指と他の四本がくっついていたので、なたで長さを変え、切り離す。人類の手が今の形になったのはこの時仙女たちが治したからだ。ラオサンは三人の仙女と共に毎日妖怪との戦いに出かける。

ある時、仙女たちがラオサンに話した。白い海と黒い海の境界で、心の中で、「ザーザーヤンクーイー」(3)と静かに願い、黒い海から出てきた黒馬にまたがった大男の胸に回っている光を射ると世界中の邪悪なものを消せる、と。それを聞いたラオサンは光を射る。

感謝のために仙女たちの中から妻を選ぶようラオサンにいう。一頭の虎、ヒョウが来たが、捕まえられず、最後のウワバミの尻尾に触るとまたたく間に三番目の仙女に変わる。仙女は「上の姉なら一粒の麦を九個のダンゴにでき、下の姉は一粒の麦を七個のダンゴにできるが、私は一粒の麦をたった三個のダンゴにしかできない」というが、「一粒の麦が三個のダンゴになれば二人で一つずつ食べてもあまる」と答えて結婚する。

すべての鳥が種を求める（あらすじ）

結婚後、仙女は天上の実家から麦、そばなどの種を持ってくる。一人の女の子が生まれ、十三歳になった時、仙女は成女式を実家に知らせに行く。仙女がかまどの灰から作った灰娘はラオサンの世話をし、子どもを生む。今も、人が体をかくと灰のようなもの（垢《あか》）が出てくる。

天上での一日は地上の三年になる。ラオサンは灰娘と一緒に生活し、しだいに仙女のことを忘れていく。十二年後、仙女を迎えに行った娘に実家から持ってきた梨や桃を与えるが、娘は灰弟や灰妹に食べさせるからといってふところにしまう。

夫が灰娘と一家をなしているとわかった仙女は、人間に激しいうらみを抱き、食料を全部持って天上に帰ることにする。鳥たちは穀物を置いていくよう頼み、仙女はすべての食料を少しずつ置いていく。現在一本のトウモロコシに一つか二つしか実らない理由、小麦などの作物が上の方に少ししか実がつかなくなった原因はここにある。

仙女はそばを手でしごいたので、その茎で手を引っかき、手から血が出た。そばの茎に血のはん点がついているのは、このためだ。また仙女はウリとカブには呪いをかけたので、現在のウリもカブも重いだけで食べても腹を満たさない。

犬がモミを持ってくる（全文）

仙女は息もつかずに持ってきた食料をすべてしまいこんだ。地上の人間は食べ物がなくなり、雀たちと食べ物を争うしかなかった。生活は日一日と悪くなっていった。ある年、ラオサンはどうにも生活できなくなり、線香をあげて天の神に穀物の種をと願った。しかし仙女たちはくれなかった。天上に住む妹の太陽はそれを知ると、自ら天の神と仙女たちに頼みこみ、ハダカムギの種を少しと一匹の犬をもらった。ラオサンはさらにモミを望み、妹の太陽に再び神に頼みこんでくれるように願った。太陽はもう一度頼みに行ったが、天の神を怒らせてしまい、神は太陽をかむように天の犬をさし向けた。ラオサンは妹を助けることができないので、家に帰ると大急ぎでドラや太鼓を叩き、爆竹《ばくちく》をならして天の犬を追い払った。

現在も日食の時には地上で人がドラや太鼓を鳴らし、爆竹をならす古い習慣はこうしてできた。ラオサンの弟の月もまた口出しをしたように思われ、毎月いく晩か見えなくなってしまった。

ラオサンは天上のモミを手に入れる方法がなくなり、ただ地上を探し歩くしかなかった。ラオサンは犬を連れてくまなく探した。ひと月、またひと月と探した。一年、また一年と進んだ。歯を食いしばって飢えにたえ、山を登り、水を渡った。しかしどこにもなかった。

いつのことか、ある年ラオサンと犬は東方の大海原のあたりに来た。そこでこんなことを聞いた。大海の向こう岸にはすべての神仙が住んでいて、そこにはモミがあるそうだ。大海原を見て、どうすれば行き着くだろうと考えた。しかし、どれだけ考えても方法はなく、しかたなく犬にむかってこういった。

「大海のあっちにはモミがあるそうだよ。でも私は行けない。もしおまえが行ければどんなにいいだろう」

その犬は尻尾を振りながら、なんとまあ不思議なことに言葉を話しはじめた。

「泳いでいけばおやすいご用。私にどうしてほしいの?」

ラオサンはとても喜び、あわてていった。

「いいかい、この大海原を泳いでいき、岸に上がって、誰かモミを干している人を見かけたら、そのモミの山に何度もころがってモミを持ってきてほしいんだ」

犬はラオサンの言いつけを聞くと海に飛びこみ、対岸にむかって泳いでいった。犬が岸に上がると、体の毛はすべてぬれていた。モミを干している人を見つけると、そのモミの山に何度も何度もころがり、全身にモミがくっつくとまた泳いでもどってきた。岸辺で待っていたラオサンは犬をふところに抱きモミをとろうとしたが、モミは海水で洗い流され、ただ、背中の毛の間に少し残っているだけだった。それでもラオサンは大喜びした。ラオサンはモミを持って家に帰ると大急ぎでまいた。そしてとうとう米ができた。犬の恩を忘れないように、毎回米を取り入れた後には、まず最初に犬にご飯を食べさせた。この風習は今も変わらず、米のご飯を食べる時はまず最初に犬に食べさせるのだ。

ラオサンはモミを得て、そのまき方を学んで自分のものにしていったので、生活はどんどん豊かになり、暮らしむきはよくなっていった。こうして子孫はますます盛んになっていった。

（三倉）

（1）プミ語で、伝説上の高大無比の神木。

（2）プミ語で、漢族の伝える鳳凰《ほうおう》と大鵬《たいほう》の両方の特性を併せ持つ神鳥。

（3）プミ語で、万事順調であれかし。

3　寿命の交換　プミ（中国）

むかし、木の王と人と犬がそれぞれ歳についていい争っていた。木の王はいった。

「わしは千年生きるつもりじゃ」

「おまえさんが千年なら、私ら二人は一万年生きようじゃないか」人と犬はいった。

ちょうどそのとき、天の神さまがそこに来て声をかけられた。

「いったい何をいい争っているのかね」

木の王と人と犬は競っていった。

「神さま、どうぞわれわれにそれぞれふさわしい寿命を与えてください」

神さまは、ちょっと考えていった。

「よかろう。今晩私はおまえたちに水牛をさし向け、質問をさせることにしよう。すばやくそれに答えた者がそれにふさわしい寿命を得られるであろう」

木の王と人と犬はみなそれに同意した。暗くなって人と犬ははやく水牛の声を聞きたいものだと思った。しかし、ずっと待っていても聞こえなかった。人はもう牛が来ることもないと思って寝てしまい、犬は人が寝たのを見て自分も寝てしまった。ただ木の王だけは眠らずに、ありとあらゆるところの音を注意ぶかく聞いていた。真夜中、月にまたがった水牛が天から降りてきて、空中にとどまると大声でどなった。

「寿命を授けてほしいという三人よ、よく聞け。千万年生きたいと思うものはだれか。早く答えよ」

「私は千万年生きたい」木の王は即座に答えた。

「百年生きたいと思うものはだれだ」水牛はまた質問した。

「私は百年生きたい」犬はいきなり目を覚ますと答えた。

このとき、人はまだ部屋でぐっすりと眠っていて何一つ聞いていなかった。水牛はまたしてもどなった。

「五十年生きるものよ、聞いているか。早く答えよ」

人の返事はなかった。水牛はおかしいと思い、またどなった。

「十二年生きるものよ、早く答えよ」このとき、人はようやく夢からさめ、大あわてで、

「私は十二年生きます」といい、一目見ようとしたが、月にまたがった水牛はすでに立ち去ったあとだった。

人は部屋に座りひどく泣いていた。犬は人の泣き声を聞いたので、近くに来るとたずねた。

「どうしたの？」

「たった十二年の寿命だなんて」人はいった。

それを聞いた犬も大変困ってしまい、ちょっと考えていった。

「人がたった十二年の寿命しかないなんて。人が死んだら私はどうやって生きていったらいいんだ。そうだ、われわれの寿命を交換しよう。毎日私に二回のご飯をくれれば、それから私をたたいたりどなったりしなければそれでいいよ」

そこで犬と人は寿命を交換した。次の晩、神さまはまた水牛にいった。

「今晩おまえは木の王に千万年の間一度だけ食事ができるというのだ。人と犬には毎日一度食事ができる、といってやるのだ」

ぼんやりとしながら聞いていた水牛は天上からでたらめにどなった。

「千万年の間一度も食事を取れぬは木の王じゃ、一日三回食事をとってもまだ腹をすかしているのは人じゃ、一日一回食事をするのは犬よ……」そういい終えると帰ってしまった。

その次の日、神さまは水牛が間違えてどなったことを知った。そこで水牛を呼んだ。

「よくもでたらめをいってくれたな。一日に三回食べてもまだ腹をすかせている人なんて、いったいどうやってそんなに多くの食べ物を与えてやるのだ。こうなった以上、おまえは人のところに行き、農作業を手伝ってやるのだ。人と一緒に田をすき、土を掘り返し、三度の食事が取れるようにしてやれ」

水牛は神さまに下界へ追いやられるとき、うっかりして上の前歯を折ってしまった。これ以来、プミ人の間ではこのような言葉が伝わっている。

「人の寿命は犬と交換したものだ。水牛は神さまがくださったすき牛だ。赤牛は水牛が連れてきた作男。やつらの上の歯は天上から来るときに折れてしまったとさ」

ATU173（三倉）

◆コラム◆　中国の犬の話

中国で広く分布する犬の話には、日本の「花咲か爺」に似て、貧しい主人公を助けて畑を耕し、主人公に福をもたらす「犬が畑を耕す」、また世界中に類話が見られる「犬と猫と指輪」タイプの話（第五章3「犬と猫の恩返し」）、さらに稲や麦を人の世にもたらしたとする穀物招来の話などがある。

ここでは、中国西南の少数民族に広く伝わる「犬祖伝説」について紹介したい。『後漢書《ごかんじょ》』「西南夷列伝《せいなんいれつでん》」や『捜神記《そうじんき》』（四世紀）などによると、「高辛帝《こうしんてい》（中国古伝説の五帝の一、殷《いん》の始祖とされる）の時、宮中に暮すある老婦人の耳から繭《まゆ》ほどの虫が出てきた。盤瓠《ばんこ》（ひょうたん）に入れて飼っていると、五色の犬に変化したので、盤瓠と名づけた。当時、辺境の侵略に頭を悩ませていた帝が、敵の将軍の首を取ってきたら姫を与える、とお触れをだしたところ、盤瓠が首を取ってきた。姫は盤瓠に従って山中に入り、子を育て、その子孫が長江中流域に住む、諸民族になった」という。

この話は、ミャオ、ヤオ、ショーなどの民族で今も語られており、ヤオでは、姫は六男六女をもうけ、これが各民族の始祖になった、と説く。ミャオには、昔、洪水でこの世に穀物がなくなった時に、犬が泳いで穀物を取ってきた（第一章2）ので、王の娘と結婚したと説くものもある。しかし犬祖伝説を最も詳細に広く伝えているのはショー族である。『中国民間故事集成・江西巻（興国県）』の「盤瓠王」では冒頭に「昔、ショー族の家には、どの家にも『狗頭王《くとうおう》』という狗頭人身の祖先を描いた絵があった」と述べる。

『中国民間文学集成・浙江省麗水地区景寧ショー族自治県巻』の「盤瓠王と三公主」という話を紹介する。

天の二十八宿があるが、その一つ天狗宿《てんこうしゅく》が、昔、この世に下りてきた。天狗は高辛帝の后《きさき》の胎に下るつもりが、あわてて高辛帝の耳の中に入ってしまった。ある時、高辛帝は耳がかゆくて掻いたところ、一匹の虫が出てきた。この虫こそ、この世に下った天狗で、たちまちとてつもなく大きくなり、ショーの人々は盤瓠王と呼んだ。

ある年、蛮夷が封金山の高辛帝を攻めた。帝が戦に負けて、床に伏せっていると娘の三公主がやって来て言った。

「封金山に千万を数える木があれば、必ずその中に蛮梁にできる木があります。封金山には千万を数えるショーの民がいますから、中には必ず蛮夷を倒す者がいます」

帝はなるほどと思い、「蛮夷を倒したら、三公主を嫁がせる」というお触れを出した。

盤瓠王はすぐにお触れをはがし、鳳凰となって空を飛び、麒麟《きりん》となって地上を走り、龍王となって水中を泳いで行った。盤瓠王が鳳凰となって蛮夷の王の野営に近づくと、めでたい鳳凰飛来に、蛮夷の王は喜び、大宴会を催した。王も左右の大臣も酔いつぶれると、盤瓠王は蛮夷の王の首を取り、封金山に飛び帰り、高辛帝に献じた。帝は首を見て喜んだが、お触れのことを思うと憂鬱だった。

三公主は言った。「皇帝の言葉は厳です。そうでなかったら、誰が皇帝の命に従うでしょう」。高辛帝はなるほどと思い、三公主を盤瓠に嫁がせ、ついで六本の鍵を渡して言った。

「一番目は金、次は銀、三は銅、四は鉄、五は真珠、六はメノウの蔵だ」

盤瓠王はただ鉄だけを取り、鋤《すき》を作って、三公主といっしょに広東省潮州の鳳凰山に移住した。……

一九九二年に浙江省麗水地区のショー族の村を訪ねた時に、筆者もこの話を聞いたが、「耳から龍のようなものを掘り出し、七日後に変化して男になった」と語られ、直接「犬」とは述べられなかった。中国の昔話集などでも、盤瓠を犬とすることをタブーとして、龍、麒麟などと言い換えている場合が多い。

（馬場）

4　トルティージャを作った雌犬　アステカ（メキシコ）

むかし、世界が沈んだ時、男が一人生き残った。その男以外は人類はいなかった。むかしいたすべての人類は、ただ一人残った男以外は完全に死に絶え、だれも残らなかった。男は雌犬を飼っていた。男は山に木を切りに行った。だれもいなかったので、ひとりで住んでいた。毎朝畑へ仕事に行き、おそく家に帰ると籠《かご》にトルティージャ(1)があった。そこで男は考えた。

「だれがトルティージャを用意してくれるのだろうか？　あした山に木を切りに行く時、見てみよう」

次の日、朝早く家を出た。しかし遠くへは行かなかった。トルティージャを用意してくれるだれかが、どこかから現れるのを見るために座っていたが、だれも来なかった。

ただ、雌犬が起きあがって道の方を見て、うろうろしているだけだった。雌犬はやがて、家の中に消え、また出て、中庭の中央へ行くと、皮を脱ぎ、それをたたんだ。

そこで男は急いで立ちあがり、家へ行って、雌犬の皮をつかんだ。女がトウモロコシをひいていた。男は急いで犬の皮を取り、素焼きの薄鍋の下に投げ入れた。火が燃えていたので、犬の皮は焼けてしまった。

「あの女がトルティージャを作ってくれたのだ。わたしはだれが作ってくれたか知らなかったが、もうわかった」

そこで女は妻として留まらなければならなかった。男は女に服を手に入れてやった。女に服を着せ、

「これで妻ができた」と言った。

男は自分にトルティージャを作ってくれる人ができたので、畑での仕事を続けた。やがて妻は子どもを持った。こうして人類ができた。雌犬が女に変身したので、今人類がいるのである。女が子どもを産み、それで今人間がいるのだ。どうして雌犬は人間になれたのだろうか。もともと犬だったのだから、女性は真の人類にはなり得ない（こう言って報告者は笑った）。とにかくただ一匹の雌犬が人間になったのだ。

今日ではみな本当の人間だ。だって洗礼を受けているから。神父さんは一人ずつ人間に祝福を与える。だから今ではみんな人間だ。（三原）

（1）トルティージャは、トウモロコシを水にひたし、臼でひき、その湿った粉をだんごにして、円盤状に延ばし、炉で焼いたもの。メキシコや中米の人々の主食。

5　死の地をたずねたコヨーテとワシ　ウイシュラム（アメリカ）

　動物たちだけが地球に住んでいたころのこと。コヨーテは動物たちが死んで魂の世界へ行ってしまうのを悲しく思っていた。まわりのみんなも嘆いているようだった。コヨーテは、どうにかして死んだものたちを生の地へ連れ帰ることはできないかと考えこんでいた。

　そうするうちに、コヨーテの姉が死んだ。友人が死んだ。妻が死んで悲しんでいるワシをなぐさめようとコヨーテはいった。

「死んだものたちは永遠に死の地にとどまるわけじゃない。秋に木の葉が茶色になって落ちるのと同じだ。葉はまたもどってくる。草が育ち、鳥たちが歌う、木の芽は開き花が咲く時、死んだものたちも帰ってくるんだよ」

　しかし、ワシは春まで待っていられなかった。すぐに帰ってきてほしかった。

　そこで、コヨーテとワシはいっしょに死の地への旅に出た。ワシはコヨーテの上を飛んだ。数日後、大きな池があって、その向こうにたくさんの家が見えた。

「おーい、池をわたるボートをよこしてくれ」コヨーテはさけんだが返事がない。音も、動きもない。

「だれもいないよ、われわれはむだをしたようだ」とワシはいう。

「みんなは眠っているんだろう。死んだものたちは昼間眠って夜になると出てくるんだ。暗くなるまで待とう」

日が落ちたあと、コヨーテは歌いはじめた。まもなく四人の魂が家から出てきてボートでこちらへやってくる。コヨーテが歌いつづけると、四人も加わってボートをこぎながら歌った。しかしボートにはだれも乗っていない。水面をすべるかのようにそれだけで来る。

魂たちが岸につくと、コヨーテとワシがボートに乗りこみ向こう岸へむかった。

死の地に近づくと、ドラムや踊りの音が水をわたって聞こえてきた。

岸へおりる時、魂たちに注意された。

「家の中へ入ってはいけませんよ。あなたのまわりのものを見てはいけません。ずっと目をつぶっていないといけません。ここは聖地なんですから」

「しかしわれわれは腹ぺこでとても寒いんだ」とコヨーテとワシは頼みこんだ。

それでふたりは大きな小屋へ入れてもらった。そこでは魂たちが歌ったり踊ったりしていた。老女がバスケットに入れたアザラシの油を持ってきた。その油へ一枚の羽をちょっと落とし、ふたりが満腹するまでその油をごちそうした。

そこでコヨーテとワシはあたりを見まわした。小屋の中はなにもかもが美しく、たくさんの魂たちがいた。みんな正装し、衣装には貝や鹿の歯などの飾りがついていた。顔は青白くて髪には羽がついていた。月が天井からぶらさがり小屋のなかを照らしている。その月のそばに、ずっと昔、ぴょんぴょん飛んで仲間入りしたカエルが立って番をしていた。

コヨーテとワシは死んだ友人の魂をみつけたが、誰もふたりを気にかけていないふうだった。コヨーテが持ってきた籠を見ていなかった。コヨーテはこの籠の中に魂たちを入れて、生の地へつれて帰るつもりなのだ。

朝早く、魂たちは昼の眠りにつくために小屋を出ていった。コヨーテはカエルを殺し、皮をはいでそれを着た。たそがれのうすあかりの中に、魂たちは小屋へもどってきて、また歌や踊りを始めた。みんなはカエルのかっこうで月の横に立っているコヨーテに気がつかない。パーティーが盛りあがった時、コヨーテは月を飲みこんだ。月の光が消えた暗やみの中で、ワシは魂たちをコヨーテの籠の中に入れきっちりとふたをしめた。

コヨーテが籠をかつぎ、ふたりは生の地へもどりはじめた。かなり歩いたころ、籠の中に何か音がするのに気がつき、足をとめて耳をかたむけた。「魂たちが生きかえりはじめた！」とコヨーテ。

またしばらく行くと、籠の中で話し声がした。ある者はうめいている。「われわれはドタン、バタンとゆられている」「足が痛いよ」「腕がふるえる」などと文句をいっている。そして、みんながいっせいに叫ぶ。

「ふたを開けて外へ出してくれー」

コヨーテは疲れて籠がだんだん重くなってきた。魂たちが生きている姿にもどりはじめたのだ。

「外へ出してあげよう」とコヨーテ。

「ダメダメ」とワシは答える。しばらく行くとコヨーテは籠を下に置いた。もう重すぎて歩けない。

「出してあげようよ」とコヨーテはくりかえす。

「死の地からかなり来たから、魂たちは、もうもどれないよ」

コヨーテは籠を開けた。すると魂たちはもとの姿で風のようにすーっと死の地へもどっていった。

ワシはコヨーテを責めたけれど、すぐにコヨーテが前にいったことを思い出していった。

「今は秋だ。木の葉は死ぬかのように落ちる。春まで待とう。つぼみが開くころ、死の地へ行ってもう一度ためしてみよう」

「それはダメだ。くたびれてしまった。死んだものたちを死の地に永久にとどまらせよう」とコヨーテは答える。

それからコヨーテは「死んだら、二度と生き返らない」という法律を作った。もしコヨーテが籠のふたを開けて魂を外へ出していなかったら、死んだものたちは毎春、草木がよみがえるように、もどってくるにちがいないから。

（新開）

6　アダムの創造　ロシア

主がアダムを創り、魂を取りに天へと向かった。出がけに主はアダムの体の番として犬を残していった。するとサタンが犬をとりこんでしまった。とても耐えられない寒さがくるぞ、毛皮をやるぞ、と約束したのだ。そしてサタンはアダムの体に忍びより、唾をはきかけ、糞で汚した。

もどってきた主は犬を罰したが、（別な説では犬はもともと天使だったが、この罪により動物にされたという）しかし作り直しは望まなかった。そこで考えた末（別な説ではサタンの助言で）、人間をくるっとひっくり返し、悪魔の不潔な物を体の中に入れこんだ。サタンは予言した。

「人は病気になった時、神と魔的なもの、つまり自分の二人の創造主を思い出すだろう」と。

（渡辺節子）

◆コラム◆　ベトナム少数民族の犬祖説話

ベトナムの支配民族であるキン族の中の北部に住む人々は犬を食べるが、五十四の少数民族の中には犬を食べてはいけないという慣習を持つ人々がいる。ミャオ、ヤオ族、ヌン族、中部のモンクメール系民族のカトゥ族、タオイ族、ジェチェン族、セダン族などであり、自分たちの祖先を犬とする起源説話を持っている。タオイ族については、その中の一氏族（民族の中の「犬」という名前のグループ）が犬を祖先としているため、犬は食べられない。

モンクメール系の民族であるジェチェン族の話を要約で紹介しよう。

洪水で三箇所に分かれて生き延びた人間のうち、一箇所の人間を助けるために犬が二箇所の人間のところに火と米をもらいに行き、帰ってきたとたん、死んでしまう。

もうひとつの話では、洪水で犬と娘が生き延び、娘の寝床に犬が小便をしてその匂いをかいだ娘が妊娠してしまう。娘は男の子と女の子を産む。父を知らずに育った二人は、ある日母に畑にいる父に弁当を渡してくれと頼まれた。二人は父を呼んだが、犬が出てきたので殺してしまった。二人は年頃になり結婚相手を探しに行き、知らないうちに兄妹同士で結婚した。

この二つの話のうち、後者の話のモチーフは近隣に住むタオイ族やカトゥ族やセダン族の話にもある。タオイ族の話で妊娠した娘が生んだのはひょうたんである点が他の説話と異なる。しかしそのひょうたんから複数の男女が生まれ、結果として近親婚をするのは同じである。

モチーフとして、必ず洪水があり、犬の小便での妊娠、近親婚がある。洪水の話は、今まで紹介した犬を祖先に持つモンクメール系民族たちよりも南に住む同じモンクメール系の民族、例えばラムドン省に住むマー族や、マラヨポリネシアのチャム族やラグライ族の昔話にもある。しかし、犬を祖先とする話はというと、ダクラク省より南ではないようだ。犬を祖先とする話は、十世紀ごろから移動がさかんにるタイ系民族との接触で伝わってきたのではないかと思われる。

小便で妊娠するというモチーフは、ジャライ族では犬ではなくイノシシに変化する。この話は共通しているのが小便で妊娠するという点だけで、全く違う話である。

昔、ベトナムの少数民族の多くは焼畑と狩猟をして生活をしていた。狩りには犬が必要だったので友人のように大切にしていた。だから犬を祖先にする話があり、食べない習慣があるともいえる。しかし、今では焼畑も狩りも禁止されてしまったので、犬の役割も変わってきた。さらに、今では、ベトナム南部に犬を食べる習慣を持つ北の人が多数移住してきている。このような状況から、少数民族は自分たちがペットとして飼っている犬を、自分が病気になると薬代のために北の人に売るようになった。また、北の人たちと接触した少数民族の中で、結婚式で犬の肉を贈るグループも現れた。こんな風に、他の民族と接触し、生活も変わると、犬祖説話も変わっていくのかもしれない。

（本多）

第二章　人間と縁を結んだ犬——由来の話

1　犬がワンワンと鳴くわけ　漢（中国）

伝えられているところによると、三月三日は西王母《せいおうぼ》の誕生日で、さまざまな神仙たちが、その長寿のお祝いに次々と天宮に集まってくる。この宴席で天蓬元帥《てんぽうげんすい》はたいへんに美しい月の宮の嫦娥《じょうが》に会い、そのとりこになった。帰ってからも嫦娥を何とか手に入れたくて、食べることも寝ることもままならなくなった。

ある日、天蓬元帥は気ばらしに外に出た。宮殿の門の衛兵の靴が窓の台に干してあるのを見つけ、ある策略を思いついた。夜がふけて寝しずまったころ、こっそりと宮殿の衛兵の靴を盗み出した。まっすぐ月の宮殿をめざし、高い塀を乗りこえ、嫦娥の窓の前までできた。窓の金網に手で穴をあけ、一匹のハエに姿を変えると忍びこんだ。部屋に入ると元の姿にもどり、寝台の前までくると、そっと嫦娥の布団をまくり上げた。眠っていた嫦娥はふいに人の気配を感じ、起きあがると大声を出した。

「だれ？」

天蓬元帥は形勢が不利なことに気づき、さっと逃げ出したが、嫦娥は枕元に靴を見つけた。よく見るとそれは宮殿の門の衛兵のものだった。次の朝早く、嫦娥は靴を袖にしまうと、玉帝《ぎょくてい》に訴えにいった。

玉帝は嫦娥の話を聞くとたいへん怒り、近くにいたナタ太子(1)にその衛兵を引っ捕らえてくるようにと命じた。ナタ太子が衛兵をつれてくると、玉帝はどなった。

「大胆なやつめ。よくも嫦娥にいい寄ろうとしたな。天の規則に反することを知らんのか」

衛兵は、何のことやらさっぱりわけがわからず聞いた。

「なぜ私は捕まえられたのでしょうか?」

玉帝はいった。「おまえの靴が嫦娥の枕元に置いてあったぞ。それでもまだ言いのがれするつもりか。連れだしてたたっ切れ!」

衛兵は無実だとわめいたが、玉帝は聞く耳を持たなかった。ちょうどその間にはさまれていた西王母は、手をひと振りして「ちょっと待ってください、話があります」といい、玉帝の前に近寄るとひそひそ話をした。玉帝は何度もうなずくといった。

「まあよかろう」衛兵の方を向くといった。

「死罪は免じてやる……」

その話が終わらぬうちに、突然、外でだれかが無実だと叫ぶ声が聞こえた。

「一体だれが無実だと外でわめいているのじゃ」と玉帝が聞いたので、ナタ太子は外に行き、もどってきて報告した。

「無実だと叫んでおりましたのは、衛兵の妻にございます」

「呼べ」

衛兵の妻は御殿に入るとひざまずき、ぬれぎぬでございますと訴えた。

玉帝は衛兵の靴を妻の前に投げつけた。

「よいか、これが嫦娥の部屋に置いてあったのだ。それでもおまえはやつをかばい立て申すのか。おまえも同罪じゃ」

玉帝が二人を指さして呪文をとなえると、またたく間に二人は二匹の犬に姿を変え、下界へと追いやられた。

衛兵夫婦は下界に着くと悲しみに打ちひしがれた。二人は無実であるのに、それを訴えるところがどこにもなかった。そこで人に会うたびに無実だといい、何か物音が聞こえるたびに我が身の潔白を訴えた。しかし、もはや話すことができず、ただ、何度も何度も「枉枉《ワンワン》、枉枉《ワンワン》（無実だ、無実だ）」(2)と訴えるしかなかった。

犬が人間界に行ってから、何千年かたった。しかし天宮では十何年かたっただけだった。唐代になってから、天蓬元帥はまた嫦娥にいい寄り、今度はぼろを出した。玉

帝は元師を下界に追いやり、天竺《てんじく》へお経を取りに行く三蔵法師《さんぞうほうし》をお守りするよういいつけた。(3)

玉帝は天蓬元帥の供述から衛兵が無実の罪で追いやられたことを知った。玉帝は犬を天宮にもどそうとしたが、犬はすでにあたり一面に増えつづけ、もどす方法もないまま、ただ現在のようなありさまになってしまった。

(三倉)

(1) 少年の姿をした神で玉帝に仕える武官。西遊記にも登場する。
(2) 中国の犬の鳴き声「汪《ワン》」は冤罪を意味する「枉《ワン》」からきた。
(3) 天蓬元帥は猪八戒《ちょはっかい》になった。

2 人間と縁を結んだ犬

シボ（中国）

むかしむかし犬はひとりぼっちで寂しく暮らしていた。だれかと友だちになろうと考え、野ウサギを見つけるといった。

「ねえ、ぼくたち友だちにならない？」

「いいよ」と野ウサギがいった。

こうして犬と野ウサギは一緒に暮らすことになった。

夜になると野ウサギは草むらで丸まって寝たが、犬は眠れなかった。何か物音が聞こえたので、ワンワンワンと吠えた。野ウサギはこの声を聞くと、起きていまいましげにいった。

「気でもちがったの？　もう夜も遅いのにそんなに吠えて。もし狼が声を聞いたら、すぐにここに来て、ぼくたち食べられちゃうじゃないか」

犬は思った。まったくこの野ウサギときたらなんて肝っ玉の小さなやつだ。ウサギと離れて、狼と友だちになろう。

犬は狼を探して探して、ようやく出会うといった。

「兄弟、おれたち友だちにならないかい？」

「いいよ」と狼はいった。

こうして犬と狼は一緒に暮らすようになった。

夜になると狼は大木の陰に隠れて寝たが、犬は眠れなかった。草むらを吹く風の音を聞いて、ワンワンワンワンと休むことなく吠えた。狼はこの声を聞くと起きていった。

「おい、何でそんな大声を出すんだ。もし熊が聞いたらすぐにここに来て、おれたち食べられちゃうじゃないか」

犬は思った。もともと狼なんて熊ほど肝っ玉が大きくないんだ。狼と離れて熊を探しに行こう。

犬は行くが行くと熊を探していった。

「熊兄さん、私たち友だちになりませんか？」

「いいよ」と熊はいった。

こうして犬は熊と一緒に暮らすようになった。

夜になると熊は木のうろに入って眠ったが、犬は外で見張りをしていた。何かの物音がしたので、ワンワンワンワンと吠えた。熊はこの声を聞くと大いに腹を立て、荒々しくいった。

「おい、おまえ。この騒ぎは何だ。もし人間が聞いたらすぐにもやってきて、むざむざとつかまえられてしまうじゃないか」

犬は思った。熊は、体はたくましいけど、もともと人間ほど肝っ玉は大きくないんだ。

そこで犬は熊と離れて、人間を探して友だちになろうと思った。探して探して、ようやく人間に会うといった。

「ねえ、人間さん。ぼくたち友だちにならない?」

「いいよ」と人間がいった。

こうして犬は人間と一緒に暮らすようになった。

夜になると人間は家に入って眠り、犬は外で庭の見張りをしていた。何か物音が聞こえたので、ワンワンワンとずっとないていた。人間は目を覚ますと庭に出て犬の頭をなでていった。

「友よ、見張り番お疲れさま」

こういうと犬にちょっとしたごほうびを食べさせた。そんなことをしてもらって犬はうれしくなって、人間のためにずっと見張りをした。こうして最後に犬は人間と縁を結ぶようになった。

（三倉）

3　犬の後ろ足

シボ（中国）

むかしむかし、犬と人は仲のよい友だちだった。昼間人が働きに出て、一日の仕事が終わってへとへとになってもどってくると、夜には犬が庭を見張った。ぐっすりと安心して眠ることができた人は、次の日にはまた元気になった。こうしてお互い助け合って仲むつまじく暮らしていた。しかしどんなにすばらしいことでも、悪くなったりよくなったりするものだ。犬と人の仲もかつてはもめたこともあった。

ある日、山から虎が出てきて、牛や羊を食おうと、人の飼っている家畜を襲ったことがあった。すばしこい犬はこの山賊に気づくと、大急ぎでワンワンワンと吠えた。虎は、これは一大事とすぐさま回れ右をして山にもどり、犬は矢のように虎を追っていった。

前を虎が飛ぶように行き、後ろから犬はぴったり追っていき、とうとう人気のない荒れ野に出た。すると突然虎は振りむいて大声でどなった。

「この大まぬけ。ただただ人間に奴隷のようにこき使われて。なぜわが輩と山の大王になろうとしないのか。この弱虫のばか者めが」

犬は虎の話を聞くと、人に比べて肝がすわっているように思え、こっちと仲間になるべきだと思った。こうして犬は人を見捨て、虎と一緒に山に入って大王になることにした。

ところが山の中で犬が見たのは、自分勝手な虎が、ほかのものを襲い、横暴なふるまいをし、弱いものいじめをしている姿だった。虎のひどい行いに山の動物たちはみな恐怖で生きた心地もなかった。

ある日、虎と犬は一匹の野生の羊を捕らえた。ところが虎はひとりじめをして犬には何ひとつ分けてやろうとしなかった。腹を立てた犬は虎に向かって大声でわめいた。

「ひどいじゃないか。この羊はおまえさんと私とで捕まえたものだ。おまえさんは腹がすいている。しかし私だって腹をすかせているんだ。少なくともこの羊の足一本は私のものだ。どうして何もくれないんだ」

その言葉を聞いた虎は犬に羊を分けてやるどころか、いきなりかみつき、犬の後ろ足を一本かみちぎった。犬はこの虎に道理は教えられない、仲間になるのは無理だと思い、自分の本当の仲間であった人を思い浮かべた。そこで犬は虎の元を離れ山から下りた。

人の方はというと、よき仲間であった犬がいなくなってからというもの、心配のあまりいても立ってもいられなかった。犬を探しに出かけようとしたちょうどその時、犬がびっこを引き引きもどってきた。人がかけ寄って見ると、犬の足が一本足りない。かわいそうに思って言った。

「虎が家畜を食わないように守ったために足を一本なくしたなんて、まったくひどい目にあったねぇ」

そう言うと、紙とのりで足を作って犬につけた。まるで本物の足のように見えたので犬は喜んで跳びはねた。しかし、おしっこをする段になると、紙とのりでできた足はぬれてすぐに落ちてしまった。人はまたそれをのりでつけた。しかしまたおしっこがかかって落ちてしまった。何度も同じことが起きて、のりづけした紙の足は、おしっこでぬれていつも落ちてしまうことにようやく気づいた。そこでもう一度新しい紙の足をつけてやると、犬に言い聞かせた。

「いいかい、覚えておくんだよ。おしっこをするときには、後ろ足を必ずあげるんだ。そうすれば紙の足がぬれないからね」

それからというもの、犬がおしっこをするときには必ず後ろ足を一本あげ、紙の足がぬれないようにした。やがて紙とのりでできた作りものの足は本当の足に変わった。

しかし犬はよき仲間である人の言いつけを忘れないように、おしっこをするときには相変わらず後ろ足を上げている。（三倉）

4　犬と塀　ポルトガル

むかし、動物たちが口をきいていたころ、犬たちがお祭りをした。宴がもりあがったとき、一匹の犬が立ちあがって、塀におしっこをしに行った。そのとき、塀がくずれて、犬は死んでしまった。集まった犬たちはたいへん悲しんだ。そこで、犬の王さまがすぐにおふれを出した。「塀におしっこをするときは、もし塀がくずれてきても支えられるように、必ず片足をあげておしっこをするように」

（紺野）

5　なぜ犬はいつも舌を出しているのか

トールン（中国）

犬は一日中ぶらぶらと働きもせずよその家に遊びに行っていた。東に西にぶらぶらしてはうそ話をし、食べ物にありつこうとしていた。

ある日犬は隣の家に遊びに行った。その家の人たちが肉を食べているのを見ると、近くに座りこみ、よだれを流して肉をもらえるのを待っていた。ところがそこの人たちは肉を食べるのに気を取られ、そばにいる犬に気づかなかった。犬は肉をもらえないとわかるとうそ話を始めた。

「今日うちのご主人の家では豚をつぶして食べるんだよ」

そこの人たちが声のする方を見ると、犬がいた。ちょっと肉をやろうかと思ったが、犬の話を聞いてこれはうそだと気づき、犬にいった。

「いいか、このあたりじゃな、みんな豚をつぶしたときにはお互いにその肉を贈りあうのが習わしなんだ。おまえの主人からその肉を受け取ってないぞ」

犬は自分のうそ話が見破られたのを知ると恥ずかしさのあまり舌を出して走ってい

った。

このとき以来、犬があちこち走り回るときには、いつも舌を出すようになった。よその家に立ち止まることもなくなり、もし立ち寄るときには、お行儀よく一声も出さないようになった。

（三倉）

6　犬がしゃべらなくなったわけ　フランス

何年とか、何世紀とかの話じゃなくて、ずっと昔のことだがね、だって、昔はわしらと同じように犬も言葉をしゃべっていたんだ。

ある日、犬の王が議会を招集した。みんなが議論をしたよ、全員そこにいたんだよ、議会にね。

そこで、ブッとやるかわりに、ガマンして、スッとやったのがいた。だからほら、誰かわからなくてね……。

犬の王がいった。

「屁をひったのは誰だ。屁をひったのは誰だ」

もちろん誰も答えないさ。犯人を売り渡すことはできなかったよ、誰だかわからないんだからね。

結局、しまいに王は犬たちにいった。

「わかったな、犯人が見つかるまで、おまえたちから言葉を取りあげるぞ」

そういうわけで、犬たちが出会うとまだ犯人を捜しているとわかるのさ。

二匹の犬が出会うと、こういうやりとりがあるのさ。

「どうだい、元気かい」と片方がいう。

「おれの尻の臭いをかいでみろ。で、おまえは元気かい」ともう一匹がいう。

「まあ、おれのもかいでみろよ」

犬って臭いをかぐのが好きだよね。お互いにしょっちゅう尻の臭いばかりかぎあってるよ。ほらね、ずっと犯人を捜しているのさ。まだ見つからないものだから、犬たちは言葉がしゃべれないのさ。

ATU200B（桜井）

7　犬はお尻をかぎあう　ポルトガル

この世界がはじまったころ、犬たちと猫たちの裁判があった。第一審では猫が勝って、犬が上告した。第二審では猫の負けとなったが、裁判所の決定を無視した。そこで犬は、裁判所に判決証明書を発行してもらおう、と決心した。猫が待ち伏せして不意打ちをくらわせ、判決書を横取りするかもしれない、と犬は心配した。だから使いの犬に「判決書はしっぽの下に隠すように」と忠告した。

使いの犬が出かけたが、いまだに帰ってこない。だから犬たちは、初対面の相手に会うと、判決書を隠しているかもしれないぞ、と思って、相手のしっぽの下を確かめるのだ。

ATU200A（紺野）

8　遺言状　イタリア

　昔あるところに、犬と猫を飼っていて、その犬をとてもかわいがっている紳士がいた。紳士は自分が死ぬまえに遺言状を書いた。

「私が死んだら、私の遺言状を尊重してもらいたい。それは、あの小箱に入っている！」

　何年かして、その紳士は亡くなった。いつも仲良く一つ思いで暮らしてきた犬と猫だったので、遺言状を持ってくることにした。ところがその遺言状はネズミが自分の小さな子どもたちの巣を作ってやるために、少しかじってあった。それは犬と猫にとってとりわけ大事なところだった。そこで、猫はいった。

「骨は犬に、そして猫には小骨を、ってなってるはずだよ」

　ところがネズミはちょうど大事なところ、つまり「だれに」というところをかじったのだった。そこで、二匹はけんかをはじめた。そして、とうとう裁判所にいった。猫は、かじったのは犬だったと非難した。

だが裁判官は大きな拡大鏡を手に取って、かじられた紙をよくよく調べて「遺言状をかじったのはネズミであって、犬ではない」と判決を言いわたしたのだった。

その時から、犬と猫はけんかし、猫は小骨を取りもどすために、ネズミをいつまでも追いかけて、食べている。

ATU200（剣持）

9　肉の契約書　ドイツ

むかし、犬は大きな権利を持っていた。公の書類に、飼い主のところで毎日一ポンドの肉を受けるべしと、約束されていた。飼い主はしばしば犬の取り分をいくらか減らそうとした。すると犬はその書類を出して見せた。そこで、飼い主はあとから犬に不足分をやらざるをえなかった。

しかし、何度もさわったので、書類は脂でよごれてしまった。犬は最後にそれが読めなくなることを恐れて、猫に保管してもらうことにした。猫は書類を屋根裏部屋に運び、垂木《たるき》の後ろに隠した。書類は脂ぎっていたので、ネズミたちが臭いをかぎつけて、すぐに食いつき、すっかり食べてしまった。

さて、犬にはまた自分の取り分の肉をきちんともらえないということがおきた。犬は文句をいって、自分の権利を主張した。飼い主は、もし犬に毎日一ポンドの肉をもらう権利があるなら、書かれたものを見せなければならない、といった。

犬は猫のところに行って、あずけた書類をもどすようにいった。猫はすぐに屋根裏部屋に急いで行って、書類を取ろうとしたときに、ネズミがだめにしてしまったことに気がついた。猫はおきてしまったことを犬に知らせるしかなかった。

犬はもう自分の権利を証明することができなくなった。飼い主は犬に、これからは肉をやらない、といった。そこで犬は腹を立て、怒り狂って猫めがけて飛びかかった。猫は逃げなくてはならなくなり、その恨みをネズミにぶちまけた。それから、犬は猫を嫌い、猫はネズミといがみ合うようになった。

ATU200（杉本）

＊この話はドイツ南東部に住む西スラブ系の種族（ウェンド人＝ソルビア人）のドイツ語資料による。

10 猫と犬が仲の悪いわけ　ドイツ

ずっと昔の話。

あるとき犬たちはもう骨を食べるのがいやになって、人間を訴えることにした。犬たちは集まって、みんなで弁護士のところに出かけていった。

その帰り道、ある橋の上にやってきたとき、猫たちが来て、犬が尻尾にのせていた訴訟文を水に投げこんだ。

そういうわけで、犬たちは訴えることができなくなって、今に至るまで骨を食べなくてはならなくなった。犬と猫の仲が悪くなったのもそれからさ。

ATU200（高津）

◆コラム◆　アイヌの犬の話

アイヌの物語が描く人々の生活のなかで、唯一、家畜としての位置をしめる動物は、犬である。明治生まれの人々からの聞き取り調査でも、北海道では猟犬として、サハリンではソリを引かせるために飼育していたという。

犬は人間とともにくらし、人間の日々の生活を助ける存在としてとらえられており、魂の送り儀礼の対象となる。犬の魂を送ることを「仕事を終えて帰す」と表現する。犬は、飢饉のときには食料となることもあり、毛皮は江戸時代には子どもの衣類としての用途もあったようだ。一方、人間に肉や毛皮を与える獲物の、魂を送ることは、「それを行かせる、旅立たせる」と表現され、人と一緒に仕事をする役目をもっているかどうかで表現に違いがある。

ここで、物語をいくつか紹介しよう。

昔、犬が天に住んでいたときには、人間と同じようにしゃべることができたといわれている。

「文化神オキクルミが天からヒエとアワの穂を盗んで地上に戻り、大騒ぎになった。

犬が一番雄弁だったので、取り戻すために地上におろされた。しかし、文化神オキクルミに、魔力をもつイケマの根で口をたたかれ、それ以来、犬は口がきけなくなった」（更科源蔵『アイヌ民話集』）。

こんな事情でしゃべることができなくなった犬だが、この世の者があの世を訪れると、いち早く気づいて吠えるのは犬であり、幽霊がこの世を訪れると、いち早く気づくのも犬である。犬は、異界のものの存在を人間に知らせる役割も持っていると考えられている。

散文説話「主人を助けられなかった犬」（白沢なべ媼）は、熊に襲われた主人を助けられなかったことを悔やんで自殺するかのように死んでしまう犬の物語である。人間を助けることが仕事なのに、その任務を果たすことができなかったという落胆ぶりには並々ならぬものがあり、どこまでも人間のパートナーとしてありたかった犬の姿が語られている（『ユーラシア言語文化論集』4）。

不思議なことに、物語に登場する犬は狼と親子（孫）関係があるように語られることが多い。沙流川筋には、母親を凶暴な熊または狼に殺された子犬たちが、天に住むおじいさん狼に助けを求める物語（神謡）や、ひとりぼっちでくらす若者に大切に育てられた白いメス犬が、恩返しをしたいと願って人間の女になり、若者と結婚する物語がある。白いメス犬の父は、天に住む狼神だと語られている。天に住む祖父や父は狼で、地上に住む孫や子は犬であるという関係を、語り手たちはどのようにとらえていたのだろうか。狼の子の飼育や、明治初期に狼が絶滅したことと、物語の設定には関連があるのかもしれない。

犬祖伝説のような伝承は、江戸時代の和人によっても記録されているが、静内地方には、子どものいない夫婦のために、狼の娘であるメス犬が人間の男の子を二人生んで、夫婦に授ける物語（織田ステノ媼）が伝わる。アイヌの物語全体を見ると、人間と異類（神である動物、鳥、海獣、貝、家の守り神等々）とが結婚する物語は豊富であり、それぞれの異類婚姻譚は、特定の神と特定の人とのむすびつきを語るものであり、民族の始まりを伝えるものではないといえよう。

（志賀）

11　ガフ、ガフ

ラトビア

あるとき、森のはずれにウサギが座り、腕を組み、森中がりんりんとなるほどに口笛を鳴らしていた。そこへ犬が通りかかり、誰かが口笛を鳴らしているのを耳にして立ち止まった。

「なんてすばらしいんだろう！　誰がこんなすてきな口笛を吹いてるのかな？」

あたりを見回し、ウサギを見つけてびっくり。

「これは、ヤンツィスさん！　あんたの口笛がすごく気に入ったよ、もっと鳴らしてくれ」

ウサギはまた口笛を鳴らした。犬はため息をついて、

「ああ、なんていいんだろう！　私にも吹き方を教えてくれないか」

「いやいや、あんたには吹けないよ」

「そりゃまたどうして？」

「おまえさんのような口じゃ吹けないんだ」

　ウサギは前足をあげて座り、また存分に口笛を鳴らし、犬はそばにいて聞いていたが、またもや教えてくれ、と頼みこんだ。

「おまえさんの口は細すぎるんだよ。もうちょい広けりゃ教えることもできるんだがね」

「それじゃ、私の口を広げることはできないかな？」

「まあ、鋸《のこぎり》でちょこっと切りゃ広げることはできるけどね」

　犬はどうしても習いたかったので、ウサギが自分の口をノコビキするというのをがまんすることにしてしまった。

「いいよ、ヤンツィスさん。いいようにやってくれ。痛くてもがまんする、口笛が鳴らせるなら」

　ウサギは鋸でもって犬の口を切り広げた。

「さて、おれがやるようにやってみな」

　そういってウサギは口笛を鳴らした。そこで犬も鳴らそうとしたが、そうはいかなかった。ピィーと鳴るかわりに、ガフ、ガフ、ガフ、というばっかり。犬は怒った。

「なんだってこの口にノコビキをした？　口笛ができるように教えるっていったじゃないか。思い知らせてやる！」

ウサギは一目散、犬は追っかける。ウサギにとっちゃまずいことになった。が、なんとか穴にもぐりこんだ。

ところでそのころ、ウサギの尻尾は今よりずっと長かった。犬が追いついたとき、ウサギはもう穴の中だったが、尻尾だけが外に出ていた。そこで犬はウサギの尻尾をかみ切った。

以来ウサギはみんな尻尾が短くなり、犬の方はウサギを見つけるや追いかけては、ガフ、ガフ、ガフと吠えるのさ。

cf. ATU151, cf. ATU1159（渡辺節子）

12 黒コンドルと犬

グアヒロ（ベネズエラ）

犬がまだワユウ部族の一員であったとき、とてもはやく歩くので有名だった。ある日、犬は黒コンドルと出会った。黒コンドルもまたとてもはやく歩き、当時はまだシエというコートを着ていた。二匹はお互いに友情をあたため、一緒に行くことにした。犬は当時まだ尻尾を持っていなかった。ただよくしなる芦《あし》の葉を腰のベルトに一本さしていて、それが尻尾のように見えた。犬は口が突き出ていて、牙のような大きくてとがった門歯を持っていた。

どんどん歩いていくと、グアコア婆さんの家に着いた。婆さんには二人の娘がいた。

「何かご用でも？」とグアコア婆さんはたずねた。

「いや、何も、おばあちゃん。ただ散歩しているだけですよ。これほどたくさん歩いて、これほどたくさんの物を見たけれど、家でハンモックにでも横になっていればよかったと残念に思っていますよ」

「本当だね」とグアコア婆さんは同意した。そうして一日中ばかばかしいことをおしゃべりした。そうしながら、二匹は横目でチラッとお婆さんの二人の娘の方を見ていた。娘たちはとても内気で、とてもきれいだったのに、顔もよくは見せてくれなかった。

娘たちの態度に気分もしらけて、二匹は気になりながらも、帰っていった。二匹はそれぞれどうすればこのすばらしい牧場のあの美しい子ヤギちゃんが手に入るだろうかと考えていた。

次の日、二匹は二人の娘が気にかかるので、再びグアコア婆さんを訪ねる決心をした。今度は二匹とも、最初の贈り物を持って行った。ビーズ細工の首飾り、ブレスレット、イヤリングやそのほかの品物である。老婆に出会うとすぐに犬は先に口を開いて、こういった。

「わたしたちはあなたのお嬢さんが大好きです。お嬢さんをわたしたちの妻にいただきたいと思ってまいりました。もうあなたもよい婿をもつべき時です。わたしたちもあなたを喜んで姑として迎えましょう」

「いいでしょう。そこに娘たちはいます。そのために女というものは生れてきたのです」

とグアコア婆さんは答えた。

やがて、求婚者が持って来た品物を広げた後、老婆はどう思うかを娘たちのところに行ってたずねた。

「娘たちや、旦那方が結婚の申し込みに来られたよ。おまえたちに妻になってほしいと、結婚の取り決めの品物を持って来られた。こんないい話を簡単に断らないでおくれ」

娘たちは何のためらいもなく、申し出を受けいれ、とても喜んだ。

三日目に、グアコア婆さんの娘たちと犬と黒コンドルとの婚約があちこちに大声で告げられた。招待状が作られ、牛、子ヤギ、羊が用意された。強いチチャ酒が準備され、招待客に充分な食事と飲み物がふるまわれ、みんなたっぷり飲み食いした。

新婦が新郎に引き渡されるときが来ると、それぞれのカップルは自分の部屋に引き下がった。参会者はたいまつを焚き、牛の皮をはぎ、チチャ酒を飲み、楽しんだ。家畜の皮をはいだ者は、まず、足を切り落として、火鉢に投げ入れた。それはナイフで毛をそぎ落し、食べるためであった。その間、みんなは殺した全ての家畜の足や唇や耳を食べながらパーティを楽しんだ。

一方で犬は新婦と仲よくする気は全然なく、他人が食べている焼肉にばかり気がいっていた。確かにみんなは食べた後、骨をかなり離れた場所に放り投げ、犬は暗がりでそれをむさぼった。黒コンドルは友人の動きに注意を払い、その奇妙な行動を眺めていた。骨が飛んでくるたびに犬は走っていってかじりついた。そこで黒コンドルは犬に不愉快そうにたずねた。

「どうして君はほかの者が放り投げた骨や食べ残しの後を追うのかね？」

犬は黒コンドルのいうことを気にしないで、骨を砕き、骨についた皮をはぎ、すべての肉をきれいに食べた。その後黒コンドルは再びたずねた。

「どうして君は花嫁をほっぽりだして、骨をかじっているんだね？」

しかし犬はその言葉を無視してかじり続けた。

そこで黒コンドルは友人の行儀悪さにがまんできなくなり、犬の口を強くひっぱったので、犬は横の二本を除いて前歯が全部抜けてしまった。残った横の二本は犬歯になった。犬は痛さのあまり、黒コンドルに復讐しようと、ぱっと杖を抜いて、黒コンドルの背中をひどくたたいた。黒コンドルの背中が折れて息がつけないほどだった。

そのときから犬は犬歯をむき出しにするようになり、黒コンドルは足を引きずりながら歩くようになった。しかし二匹は腐肉を前にすると、犬は尻尾を杖のようにしてやって来て、黒コンドルは腐肉や死体の前にいると犬をおそれるようになった。こうして犬と黒コンドルは、今でも腐肉を見ると争いあっている。

（三原）

13　犬は穀物、豚は糠

プミ（中国）

むかし、ある人が一匹の犬と一頭の豚を飼っていた。四月、五月と、とても暑い日が続き、乾燥した荒れ地は開墾できず、トウモロコシの種もまけなかった。その主人が病に倒れてしまい、腹をすかせた豚と犬がご飯をほしがると、ものすごく怒った。

「まいた穀物は今年の分にも足りないいんだ。もしおまえたちが飯を食べたければもっと多くの土地を切り開くしかない。よしこうしよう、おまえたちが空き地を開墾するのだ。太陽が山から登ったら出かけ、西に傾いたら帰ってくる。どっちが精を出し、どっちがなまけたか、だれがどれくらいの土地を開墾したか、もどって正直に聞かせてくれ、そうしたらおまえたちに食べ物を分けてやろう」

豚と犬は朝ご飯を食べ終え、一緒に荒れ地にやってきた。かしこい犬はまず最初に風が当たらない場所を選び、大木の下に横たわると長い舌を出し、なまけて寝てしまった。誠実な豚は荒れ地に着くと四本の脚をピンと張って登り、ハアハアと息をきらし、全身に力をみなぎらせて口を使い、少しずつ荒れ地を開墾していった。熱くなると両方の耳を扇子のようにして、頭をゆらしては風をおこした。のどが渇けば牛や馬の足あとにたまった汚い水でのどをうるおした。

太陽が西に傾くまで、豚はひとかたまり、またひとかたまりと土を掘り起こしていった。でこぼこしているのをみると、主人に怒られるのをおそれて、またしても力を出して、ひとしきり土をならしていった。こうして自分で満足いくまで続けた。このとき、豚は犬が木の下でのんびりと休み、ひとかたまりも耕していないのを見て、ひそかに喜んだ。

「今日家に帰ったら主人はきっと自分においしいものを分けてくれるだろう。犬にはまずいものを分けるだろうよ」

こう想像すると、尾をゆらし得意げに頭を振ってこっそりと家に帰っていった。

犬は豚が帰るのを見るとよっこらしょと体をおこし、何度もあくびをし、長い舌で鼻の下をなめ、それから豚がきれいに整地したところに行き、ぐるぐる走り回っておしっこをした。犬が走りまわったところには、みな犬の足あとが梅の花のようにつき、反対に豚の足跡は見えなくなった。こうして犬は得意げに家に帰っていった。

犬が長い舌を出して息をし、豚に比べて疲れがひどいようだったので主人は最初に犬をほめた。豚は主人がまったくわかっていないので腹を立て、犬が何も働かずただ寝ていたことを話した。主人は犬にたずねた。

「豚がいっていることは本当か、それともうそなのか。もし本当だったらこれからおまえはただ尿だけを飲むのだ。穀物を食べることは許さないぞ」

犬は声を出さず、長い舌を伸ばし、よだれを流し、体についた泥を振って、あたかも大仕事をしてきたかのように主人にうったえた。主人は豚と犬の間を行ったり来たりしていたが、どちらが正しくて、どちらがうそをついてるか決めかねた。この時、ずるがしこい犬は、おずおずとした様子でいった。

「くやしいなぁ、ご主人。豚は私が荒れ地で寝ていたという。これが本当かうそか、ご自分でそこに行って見てみればわかるでしょうよ」

そういい終わると振り返って憎々しげに豚にいった。

「おまえさんがなまけていたか、それとも私がなまけていたか。ご主人と一緒に行ってみればはっきりするぞ」

主人は犬のいうことはもっともだと思い、二匹を連れて荒れ地に行った。道々豚は主人の前を行き、犬は後ろから行った。荒れ地に着くと、新しく開墾された土の上にはいたるところに犬の足あとが梅の花のようについていて、豚のひづめのあとは見えなかった。主人はしばらく見て、はしっこの角地の湿った泥に豚のとがった口のあとと鼻の穴のあとが残っているのを見た。しかしその周りにはたくさんの梅の花が残されていた。主人はとても不愉快になった。主人は日頃から豚が食いしんぼの寝ぼすけで、太った頭に大きな耳を生やしていることを思い出し、そのことから考えて、荒れ地は犬が開墾したと決めつけた。

「犬はこれからこの地で収穫した穀物の分け前を食べてよし。豚は働かずなまけて寝ていただけなので、糠《ぬか》だけを食べるように」

こうして今に至るまで、犬は穀物を食べ、豚は糠を食べている。（三倉）

14　薪の上に糞　漢（中国）

　ある家で一匹の白い犬を飼っていた。その犬は、人が食べるものがなくて困りはてているのを知ると、こっそりと天に上っていった。玉皇大帝にお目通りすると泣きながらいった。

「人々は何も食べ物がありません。もしあわれにお思いでしたら、どうぞ何か食べ物をおあたえください」

　玉皇大帝は犬がとても誠実なのをみると、五穀の種を取り出して犬にあたえた。

「地上にもどって、人々にこの種をまかせるがよい。人間というものは不実だから、これを収穫して犬がその実を食べ、人がその汁を飲むようにするのだ」

　犬はその種をくわえ、地上にもどっていき、走りながら念じていた。

「犬が実を食べ、汁は人」

　犬は玉皇大帝の言葉を忘れないようにずいぶん気をつけていたのだが、うっかりして薪《まき》につまずいてころんでしまい、起きあがると玉皇大帝の言葉を逆さまに覚えてしまった。

家に帰ると、主人は種を受け取り犬に聞いた。

「玉皇大帝は何かお言いつけにならなかったかい？」

「あります。玉皇大帝はこういわれました。人が実を食べ、犬が汁を飲むようにって」と犬は答えた。

このとき以来、人はご飯を食べ、その余った米の汁を犬にやるようになった。

犬の暮らしぶりをご覧になった玉皇大帝はずいぶんとご心配になり、犬を呼ぶとこう聞かれた。

「おまえは帰ってから、いったいどのように人にいったのか？」

すると犬はうったえるようにいった。

「すべて薪につまずいて転んだせいです。倒れて玉皇大帝のお言葉を忘れてしまい、あべこべになってしまったのです」

これからというもの、犬は薪や、草がかたまって生えているのを見ると、ものすごく腹を立て、その上におしっこをかけるか、糞をするようになった。そうこうしているうちに、だんだんとこれが犬の習性のひとつになってしまった。

（三倉）

15 犬と鶏の水の飲み方　プミ（中国）

　万物がみな話すことができた時代、地上には水路も川もなく、水はすべて低いくぼ地に集まっていた。そこで人も動物も水におぼれないよう、みな安全でかわいた山の斜面に住んでいた。ところがこうなると、水を飲むには遠い遠いところまで、長い長い道のりを行かなければならなかった。

　ある日、人がある方法を思いつき、世の中のすべての動物、家畜を集めて相談した。みんなは力を合わせて水路を作って、水を山まで引くことにしたのだ。

　牛が来た。馬も来た。羊も来た。豚も来た。水を飲む動物はすべて来た。ただ犬と鶏だけは自分のすみかにかくれていた。なまけて動きたくなどなかったからだ。人が牛、馬、羊、豚を率いて水を引きに行った。牛は全力で土を引っぱり、馬は力いっぱい石を背負い、豚は口を使って泥を掘り、羊も土を引っぱり飛ぶように駆けた。苦労に苦労をかさね、とうとう人と動物は自分たちの住む山の上に水を引くことができた。

　水がたまった池では、みんなは大喜び。だれもが池に飛びこんでは水を飲み、体を洗い、大にぎわいだった。犬と鶏は満々と水をたたえているきれいな池を見ると、のどがからからにかわいた。しかし、どんなに飲みたくても、作業にまったく参加しなかったので、ほかのものにあざ笑われることをおそれて、かくれて見ていた。とうとう犬はたえきれずこっそりと口を水に入れた。このとき、人とほかの動物がそれを見て、大声でせめたてた。

「みんなで水路を掘って引いた水だぞ、おまえはなまけて来なかったじゃないか。水が引かれたからって、よくもまあこっそり飲みに来られたものだ」

「いや、水なんか飲んでないよ。ただ舌を洗っていただけだよ」

犬はあわてて弁解し、舌を水にたらして何度もなめた。

このとき、鶏もこっそりと口をのばして水に入れたので、人と動物は大声でどなった。

「水路をつくるとき、おまえは来なかったじゃないか。なまけて働かなかったくせに、よくもまあ水を飲みに来られたものだ」

鶏は顔を真っ赤にするといった。

「水なんか飲んでないよ。ほら、ただ口を洗っていただけだよ、うがいをね」

天を仰ぐとうがいのかっこうをした。

こうして今に至るまで、水を引く仕事をした人と動物は頭を下げてゴクゴクと水を飲み、働いた成果を十分味わっている。ところがそれに参加しなかった犬は今でも水を飲むときには舌でなめ、鶏が水を飲むときには今でものどを仰向けにしている。

ATU55（三倉）

16　コヨーテの目が黄色いわけ　ホピ（アメリカ）

　コヨーテ女がガイコツ男の近くに住んでいた。コヨーテ女が食べものをさがして歩きまわっていて、ガイコツ男の側をとおりかかった。ガイコツ男が座って変なことをしていたので、コヨーテ女は立ちどまって見ていた。

　ガイコツ男は「ハイアヤ　ハイヤハ　ヘイ」と歌う。するとその目が頭から飛び出した。目は南へ向かって飛び、見えなくなった。しばらくして飛んで帰ってきて頭のなかにおさまった。

「ああ、わたしゃたくさんのことを見た」ガイコツ男はいった。

　コヨーテ女はガイコツ男に近づき「わたしはあんたの歌が好きだよ」といった。

「そうさ、いい歌だ。歌うと見たこともなかったものが見られる。大峡谷には、獲物がいっぱい。鹿もウサギも、ありとあらゆる動物を見たよ」

　コヨーテ女は獲物のことを考えて、「その歌を教えてもらえるかい？」といった。

「おやすい御用だ。南を向いてハイアヤ　ハイヤハ　ヘイ　と歌えばよい」

すると目は飛び出し南のほうへ飛んだ。

ガイコツ男は座って目がもどってくるのをしばらく待った。

「簡単だ、わたしだってできるよ」コヨーテ女はいう。

「南を向いて座り、動かないようにね」ガイコツ男はそういって向こうへ行ってしまった。

「大峡谷を見るんだ」コヨーテ女は座って南を向いて歌う。

「ハイアヤ　ハイヤハ　ヘイ」

コヨーテ女の目は飛び出し南へ行った。

「ヘップ　アウイ！　いろんなものが見える！　この大峡谷はいいところだ」

女は興奮して動きまわった。そのうちにコヨーテ女は北を向いた。

「さて、そろそろわたしの目がもどってくるころだ、もどっておいで」

しかしもどってこなかった。コヨーテ女はまた呼んだが反応がない。四回呼んだ。

今は目がないのだから何にも見えない。

「イス　オハイ！　どうすりゃいいんだ？　なんにも見えないよ、わたしの目はどこ？　もどっておいで！」

コヨーテ女は向をむいていなかったからだと気づき、目はもどってきても、わたしの頭が見つからないにちがいない。このあたりの地面に落ちていないかさがそう。コヨーテ女はさがしまわって、とうとう片方の目らしいものを切り株の上に見つけた。さて、ひとつあった。もうひとつもあたりに見つけて目にはめこんだ。見えるようになったが何もかもが黄色く見える。

「わたしの目はちゃんと働いていないらしい。頭からはなれていたのが長かったからね」

家へ帰ると、子どもたちはコヨーテ女を見るやこわがった。母さんの目はやたら大きくて黄色くて、おそろしい。散らばって逃げた。

コヨーテ女は子どもたちを追い、「帰っておいで!」と叫ぶ。けれど子どもたちは逃げまわる。コヨーテ女が目にひょうたんをはめこんでいたから、こわかったのだ。

それ以来、コヨーテの目は黄色くなり、いろんなところに散らばって住んでいる。


（新開）

第三章　夜の狩人——魔的な犬

1 イルシングスの黒い犬　チェコ

イルシングスというところの話だ。まっ暗な夜になってしまったというのに、ひとりの男がさらに先のギースヒューベルへ行こうとしていた。人々はやめさせようとした。その道は妖怪がでるといわれているし、だいたい夜っていうのは人間の友だちとはいえないってね。しかし男は笑いとばした。

「なんてこったい、あきれたね！　たとえ悪魔があらわれたってびくともしないさ」と強がっていった。

そして、暗闇のなかへと出ていった。道の途中のブナの木のところで、とつぜん燃えるような目をした大きな犬にであった。男はしっかり棒を握ると、犬に向かっていった。犬は吠えながら男に飛びかかり、男は棒を振りまわした。犬は火を吐き、一歩も引かない。やっと十字路のところまできたところで、犬は消えた。

家に帰った男は寝こんでしまい、そのあとじきに死んだ。　（星野）

2　少年とバーゲスト　イギリス

子どものころ、私は一度友人とノーフォークに滞在した。その友人の母親が、自分の兄について次のような話を聞かせてくれた。

三十年前、当時子どもだった兄が、たそがれ時にお使いに行かされた。目的の家に着いてみると、家は閉まっていた。兄が帰ろうとした時、大きな黒犬が音もなく地面から起き上がって、兄の両肩に前足をのせた。暗かったので犬が見えなかったし、犬がいると思ってもいなかった。当然、ぎょっとしたが、すぐに落ち着きをとりもどして家に帰った。兄は両親にこのできごとを話したが、たいして気にもとめず、間近にせまっていた試験の勉強を続けた。そしていつもの時間にベッドに入った。

夜中になって、兄はあとから起こったショックのため亡くなった。兄がお使いに行った家の人たちは、犬は飼っていなかった。地元の迷信では、このできごととおそろしい結果は、バーゲストのせいということになった。

（岩倉）

＊イギリスには各地に不気味な黒い犬の話がある。地方によってはバーゲストと呼ばれていた。子牛ぐらいの大きさであるとか、炎のような目をしていると言われることもある。コナン・ドイルの『バスカヴィル家の犬』で、荒涼としたダートムアに出現する大きな黒い犬は、こうした黒犬の話を背景にしている。バーゲストは妖怪の一種とも考えられていて、たいてい黒いむく犬の姿で現れるが、別の姿になることもあると言われていた。黒犬は不吉なもので、見た者は死ぬとか、身内の死の前に現れるという話が多いが、人を守ってくれるという話もある。

3　化け物犬　ドイツ

ヴァルトヴィマースバッハからディルスベルクに向かう道筋、森に入った最初の境界石のところで、しばしば黒いむく犬が人に近づいてきて、黙って並んで歩く。歩いている間に犬はだんだんに明るい色になり、二番目の境界石のところで完全に白くなる。そこから、犬の色は森のはずれにくるまでにだんだんに濃くなり、三番目の境界石のところでまた黒く見えるようになる。

そっとしておけば、犬は人に危害を加えない。しかし、人が「なにをするつもりかね」と聞くと、犬はおそろしく巨大になり、話しかけた者の横面をはげしくたたいて、消える。

どうしたらこの魔物を追い出すことができるのか、なぜそんなものが現れるのか、誰にもまったくわからなかった。

（杉本）

4　二本足の黒い犬　ドイツ

今でもまだ、年寄りや、そう、とりわけグリューンタールの製錬所で働く男たちからほんとうの話として聞かされるんだが、あそこのあの銅の製錬所のまわりに一匹の黒い大きな犬がひそかにうろうろしているらしい。しかしこの犬はふつうの犬と違って四本足ではなくて二本足だっていうんだな。

そいつがよく仕事から帰っていく労働者のうなじのところにとびのって、そのまま村境の近くまでいっしょに来るそうな。

（星野）

5　遠吠え　チェコ

あるお百姓さんが、忠実でひとなつっこい犬を飼っていた。犬は子どもたちと遊びながら、ひっぱったりからかったりさせたし、いろんなふうに跳んだりちんちんをやってみせたりした。そして夜になると、外の敷地の中で寝そべり、番をするのだった。

しかしあるとき真夜中に、その犬は興奮して窓に向かって跳びかかり、大きな声で悲しそうに吠えた。ただならぬ様子に家中の者が目を覚ました。お百姓さんが外に出てみたが、これといったあやしげなことを見つけることはできなかった。そして、犬もあいかわらず鳴きやまなかった。こんなふうに悲しそうに鳴くことなど一度もなかったが、なんともしようがなくて、お百姓は首をふりながら、部屋へもどった。そのとき子どもたちの母親が重苦しいため息をついていった。

「これは不幸の知らせだわ」

翌日の夕方、一番下の子どもが熱をだしてベッドに運ばれた。そして三日後に屍《しかばね》となった。

（星野）

6　不幸の知らせ　ドイツ

ずっと昔、通称「一番後ろの黄色い水車小屋」の木こりが、フライヴァルダーから暗い夜道を家に歩いて帰っていた。その男がライヴィーゼンからヴルゼル森にやってきたとき、ハンノキが地面までかたむくほどおそろしい嵐が起こった。

そのあとすぐ頭もなければ尾もない一匹の大きな黒犬があらわれ、男のまえを走っていった。木こりがハンノキの林から抜けだしたときには、その犬は姿を消し、謎めいた嵐はやんでいた。それからまもなく、その木こりの家族のだれかが死んだ。

（高津）

＊山で突然起こる嵐、頭のない黒犬の登場は、「夜の狩人」の一行の通過と考えられている。

7　夜の狩人たち　ドイツ

ビンツの旧市街に、旧ザクセンの農家のひとつがまだ残っている。そのような農家は以前はビンツと同じように、となりの村アールベクでも見られた。

現在はなくなってしまったある農家は、一八五〇年から六〇年までのあいだに取り壊されたのだが、とくに古風なたたずまいだった。高くてとがったわらぶき屋根は地面にとどくほどで、そのため土の壁はひじょうに低かった。家の内部は、土が踏みかためられた土間の両端に、正面のドアと裏のドアがおたがいに向かい合ってある。煙突や煙道はなくて、煙はすべての部屋を通り抜けて、屋根のいちばん高いところや屋根のわきのすき間から自然に出ていった。

この家の最後の住民はよくこういうことを話していた。その家に住んでいたおじいさんの時代なのだが、ある大晦日の晩に「夜の狩人」の大きな犬たちの一匹が家の中に飛びこんできた。そして一年間そこにいたのである。その犬は大きくて、まるで狼のように強かった。おまけに大食いだった。そしてとても用心深くて、どの人間にも慣れることはなかった。

「夜の狩人」が次の年の大晦日の晩にもう一度あらわれて、その村の上空にやってきたとき、その犬はぴょんぴょん跳びはねて、大きな声で吠えたてた。ドアを開けてやると、大きく跳んで外に向かって逃げ出したかとおもうと、「夜の狩人」の軍勢の最後に加わった。

その家の住人は、こんなふうに不気味な家族の一員から解放されてほっとしたのだった。

（星野）

＊夜の狩人は幽鬼の軍勢としても知られている。主にクリスマス（十二月二十五日）から公現《こうげん》の祝日（一月六日）までの十二夜に、すさまじい音とともに、たくさんの犬をつれ夜空を狩りをして回る妖怪の群れで、民衆に恐れられていた。ときにはこの話の農家のように風の通りの良い家のなかを通りぬけていくこともあった。

8　空の犬　イギリス

ウェールズ語で「地獄の犬」、または「妖精国の犬」。ウェールズの一部の地域では「空の犬」、ほかの地域では、「母親たちの祝福の犬」という。「母親たちの祝福」は妖精のことなので、その犬は妖精の犬ということになる。

『イ・ブリトーン』の記述によると、「母親たちの祝福の犬」は一頭の大きい犬にひきいられた小さな犬の群れである。遠吠えは聞くに恐ろしく、死の前触れである。この犬たちが近づくと、ほかの犬は吠えるのをやめて、おびえて一目散に自分の小屋に隠れる。木立にいる小鳥たちは歌をやめ、この犬の群れが近づいてくるとフクロウさえも黙ってしまう。地獄の犬の恐ろしい声が聞こえると、若者たちの笑い声も炉端の話し声もしずまり、家の中の人たちは血の気の失せた顔で恐怖に震えながら身を寄せあって互いの身を守る。何よりも悪いことには、この犬たちはしばしば死の前触れとなり、現れた場所の近くの家で死者が出る。パブやそのほかの娯楽の場所にその家の者がいると、自分の家で誰かが死んだのだと思って、恐ろしさのあまり動けなくなる。

妖精犬は十字路やほかの公共の場所で吠えることが多い。犬たちの通り道にいる人は悲惨な目にあう。犬たちはその人にかみついて、時には引きずっていくこともある。かまれると、しばしば命にかかわる。これから死ぬ人が埋められる墓地にたくさんの犬が集まり、墓になる場所のまわりで遠吠えしながら地面に沈むように姿を消す。

（岩倉）

9　悪魔と暮らしていた男　アイルランド

悪魔は、アイルランドのウェックスフォード州に立ち寄ったことが、何度もあるそうだ。もちろん、悪魔はいつも悪魔の姿をしているわけではない。しかしどんな姿をしていようとも、悪魔であることには変わりない。

わたしは、悪魔と一緒に暮らしていたのに、そのことに全く気づかなかった男の話をきいたことがある。この男は小さい犬を飼っていた。その犬はどんな仕事もしてくれるすばらしい犬だったから、男はとてもかわいがっていた。ところがこの犬は体が弱くて、よく病気になった。男は犬が病気になるたびに、死んでしまうのではないかと心配して、できるかぎりよい医者を探して、治療してやり、薬をのませた。

ある日、男の母親が体の具合が悪いとうったえたので、男は神父と医者を呼びにやらなければならなかった。医者と神父は、母親の容態を見て、たいしたことはない、数日したらよくなるだろうと言った。医者は帰っていったが、神父はそのまま家に残って、男とおしゃべりをしていた。

そのうちに、男は自分が飼っているすばらしい犬を、神父にみせてやろうと思いたった。二人は外にある犬小屋を見に行ったが、小屋はからっぽだった。男は神父に、これは不思議だ、今まで犬が小屋の外に出たことなんかなかったのに、と言った。二人は小屋の近くをくまなく探したが、犬はどこにもいなかった。男がもしかしたら、家の中にいるかもしれない、と言ったので、こんどは家の中に入り、家中を探したが、犬はなかなか見つからなかった。あらゆるところを探しまわって、ようやくベッドの下にいる犬を見つけた。ところが犬はこれ以上まるくなれないほど体をまるめて、うずくまっていて、男が呼んでも、出てこようとしなかった。

そのうち、神父は、これはおかしい、何かよくないことがあるに違いないと疑いを持ちはじめた。さもなければ、犬は出てくるはずだ。そこで神父はベッドの下にもぐりこんだ。すると、犬はすぐにベッドの下から出てきたが、部屋の真ん中で頭をたれて、立っている。このようすを見た神父は、男に向かってあざけるように言った。

「おまえは生まれながらの大ばか者だ。自分が大事に飼っていた犬が、悪魔だったってことが、わからなかったのか」

すると、犬が神父の顔を見上げて言った。

「神父さん、あんたが、そんなことを言う筋合いはないのさ。おれはあんたの家に五年もいたのに、あんたは全く気づかなかったんだからな」

これを聞いて、神父はうろたえた。なぜなら、神父が以前飼っていた犬が、ある時どこかへ行ったきり、行方知れずになっていたからだ。

悪魔はどんなものにでも、自分がなりたいものに姿を変えることができるのだ。しかしたいていは、犬か猫か、そのたぐいの動物になることが多いという。

（渡辺洋子）

10　ブリックリングの黒犬　イギリス

ロジアン卿夫妻がはじめてブリックリングにやってきたとき、家を改装して、仕切りをこわして現在の居間をつくった。

「あの若い人たちが仕切りをこわさなければいいんですが」

と、村に住むあるおばあさんが牧師にいった。

「どうしてですか」

「あの犬のことがあるからですよ。知らないんですか？　Aさんが湖に釣りに行って、ものすごく大きな魚をつかまえて陸にあげたら、魚の口から大きな黒い犬が出てきたってこと。犬は家の中をぐるぐる輪を描いて回り続けて、どうしても追い払えないものだから、ロンドンからまじない師を呼んだんですよ。まじない師は輪の線をさえぎるようにまっすぐな仕切りをつくって、犬が出ないようにしたんです。だけど、もしあの若い人たちが仕切りをこわしたら、また犬を自由にしてしまうことになるでしょう。今じゃ、あの犬を出ないようにできるまじない師は、ロンドン中さがしてもいま

せんよ」　（岩倉）

＊ロジアン卿ショーンバーグ・ヘンリー・カー（一八三三〜一九〇〇）は外交官で、のちにスコットランドの国務大臣となった。部屋の一部を壁でふさいでしまうのは、幽霊が出ないようにするための方法のひとつである。

11　妖精たちの飼い犬　イギリス

妖精の犬は、他の犬と同じように、ときどき家から離れて迷子になることがあるようだ。妖精たちはペットをかわいがっているので、犬が迷子になると捜しまわり、親切にしてくれた人間にお礼をする。次の話は、オーウェン・ジョーンズ師からのものである。

ある日、ハフォド・ア・ギャレグの女房がペントレヴォイラス教会から帰る途中で、地面の上でくたびれきったようすの妖精犬を見つけた。女房は犬をやさしく抱きあげて、エプロンにつつんで家へ連れ帰った。そして、恐ろしさから、かわいそうな小さな犬にやさしくした。それというのも、ブリン・ヘイリンの妻がどうなったかを覚えていたからだ。ブリンの妻は妖精犬を見つけたが、犬をいじめた。そして急死してしまった。だから、ハフォドの女房は妖精犬のために、食料貯蔵室にきれいな柔らかいベッドを作ってやり、その上に真ちゅうの鍋を置いた。

犬を見つけた翌日の夜、妖精の一団がハフォド・ア・ギャレグのところへやって来て、犬のことをたずねた。女房は、「犬は元気にしている、どうぞ連れて帰ってほしい」といった。すすんで犬を主人に返したのだ。妖精たちはこの行為をたいへん喜び、犬を連れて帰る前に、「きれいな牛ときたない牛のどちらが好きか」と女房にたずねた。女房は「きたない牛」と答えた。

その時から、その牛は、近所で一番いい農場にいた最高の牛よりも多くの乳を出した。こんなふうにして、ハフォドの女房は妖精たちから犬に親切にしたほうびをもらったのである。（岩倉）

＊妖精たちが飼っている犬は小さくてまだら模様で、妖精が輪になって踊る時、犬も輪の中で踊ったりするという。迷子になった犬を連れて帰ったものの、えさもやらずに意地悪をした男の話もある。犬を捜しに来た妖精は、返してもらったお礼に男にふくらんだ財布を与えるが、中身はすべて木の葉だったという。

12　妖精犬　イギリス（スコットランド）

妖精犬は二歳の牛ほどの大きさで、黒っぽい緑色をしていて、耳の色は濃い緑だ。足にむかうほど色は薄くなる。あるものは長いしっぽを巻き上げて背中に乗せている。またあるもののしっぽは平らで、荷鞍用の藁《わら》の敷物みたいに編まれている。

フィン・マックールが飼っていた有名な犬ブランは妖精犬の系統で、言い伝えによると、色とりどりのまだら犬だったようだ。

ブランは黄色の足をして
両わき黒く腹白く
この猟犬の背は緑
とがった耳は血の赤だ

ブランは毒靴をはいていた。その毒靴で攻撃すれば、どんな生き物も殺せないものはなかった。ブランが全速力で「父犬のように」走ると、三本の峠道でほぼ同時に鹿を捕まえることができたので、まるで犬が三匹いるかのようだった。

妖精の猟犬は妖精の丘《ブルー》の中では番犬としてつながれていた。しかし、ときには、岩の裂け目をねぐらにしながら、女たちの遠出のお供をしたり、一匹だけでうろついたりした。音をたてずに、すべるように動いた。鳴き声は荒々しくけたたましかった。妖精犬は一直線に進んでいき、その声に耳を傾けていた者によれば、最後の吠え声ははるか沖合いから聞こえたという。次の日、広げた人の手ほどもある巨大な足跡が、泥や雪の中や砂の上から見つかった。

妖精犬は速足の馬のような音をたて、その吠え声は他のふつうの犬の吠え声に似ていて、ただ、もっと大きいだけだともいわれる。吠え声と吠え声の間にはかなりの間隔があいているが、三度目の吠え声が聞こえた時には、その前に安全な場所にたどりついていないかぎり、声を聞いて恐怖におののく人間が妖精犬に追いつかれて、かみ殺されてしまう。（岩瀬）

13　赤い服の騎士

ドイツ

ロストックに年老いた傷痍《しょうい》軍人が住んでいた。ある晩、郊外の散歩からもどってくると、少し離れたところに青い炎が見えた。そこにいってみると、火のそばには大きな犬がいた。老人は火の中に金が燃えているのに気がついたので、犬をそこから追い立てると、ポケットを金でいっぱいにした。犬に逆らう様子はなかった。

町にもどると、老人はクレッペリン通りの商人のところに金を預けた。しかし、老人が商人のところに金を取りに行くと、商人は金など預かっていないと言いはった。その件は裁判沙汰になって、人々は貧しい老人より商人を信用した。証拠がなかったので、老人は牢獄に投げ込まれてしまった。

そういうわけで、ある晩、その犬が老人のところにきて、いった。

「おれのものになれば、救ってやるぞ」

老人はいやだといった。

次の晩も同じことがくり返された。

三日目の晩、犬は老人に「死刑宣告が下されるだろう。処刑場に着いたら、まだわしの仲裁者がくるぞといいなさい」と教えた。

そのとおりのことが起こった。老人がその言葉をいうとすぐに、葦毛の馬に乗った赤い服の騎士が山を越えてきた。騎士は裁判官に一緒にくるように頼んだ。そして商人の家にいくと、そこに隠されていた金が見つかった。ところが、赤い服の騎士は、突然、商人といっしょに消えてしまった。（杉本）

＊ヨーロッパでは埋蔵された宝は、時が経つと悪魔の持ち物となり、犬に守られるといわれることもある。この話の赤い服の騎士は宝番をする犬＝悪魔の化身といえるだろう。

14　運のいい娘　ドイツ

トアーストーフ出身の十八歳くらいの娘が、グレーベスミューレンの北側のある農場で、庭の掃除に雇われていた。昼どき、娘はこの農場からそう遠くないところに住む日雇い労働者の両親のところに行った。娘はいつものように両親の庭を通り抜けていった。娘がその庭を二、三歩進んで振り返ると、びっくりしたことには、木の下に大きな黒いむく犬がいて、そのそばには金の塊があった。犬を見たとたん、娘は動けなくなってしまったが、ためらわずにむく犬にいった。

「わたしに分けてちょうだい」

むく犬は立ち上がると、娘をじっとみていった。

「おまえはおれになにをくれるのかい？」

娘は雑草を掘り起こすときに使うナイフのほかにはなにも持っていなかった。そこで少しためらいながらいった。

「わたしのナイフ」

むく犬はうなり声でいった。

「こっちによこせ」

そこで、娘は後ろ向きになって、ナイフを投げた。それから振り向くとむく犬は消えて、金の塊がいくつか残されていた。娘はそれをエプロンに集めると、喜んで家に持って帰った。

（杉本）

15　宝を見つける犬　ドイツ

十九世紀の終わりごろの話だが、ハルツ山麓のヴィントハウゼンで、一人の若者が夜遅く、恋人を家に送るために通りをわたった。そばの山の前にさしかかったとき、突然、燃えるように赤い舌の黒犬が飛び出してきたため、二人はそこに立ち止まった。二人は最初のショックから立ち直ると、先へ行こうとしたが、その犬は二人を押しとどめ、まわりをぐるぐる回って、一緒に数歩、後もどりさせた。

そして、二人を馬糞が山とつまれた場所につれていくと立ちどまり、意味ありげにその馬糞の山を見ていた。

こわさと好奇心から、若者は身をかがめ馬糞をいくつか拾いあげ、ポケットにつっこんだ。若者が先に進もうとして犬の方を振りかえったときには、犬はいなかった。いらいらしながら若者は家に帰り、ベッドに横になった。

翌朝、上着のポケットを空にして、きれいにしようとした。すると驚いたことに、ポケットにはたくさんの重い金の塊があった。若者は金の塊を見つけたことを家で話し、さっそく馬糞の山に行ってみたが、無駄だった。それから何日間か人々はあの犬を待っていたが、犬は二度とあらわれなかった。

城主は山で宝掘りをさせたが、すべて骨折り損だった。ぴったりの時間にその場に行きあったから、宝を手にいれられたのだ。　（高津）

16 持ち運　リトアニア

私の叔母がこの部落にいるんだが、ある時、夫がどこかへ出かけていて、子どもと留守番をしていた時のこと。糸紡《いとつむ》ぎしながら揺りかごをゆすっていると、なんか、チャランチャランと聞こえた。たいまつを手にして照らしてみると、ペチカから小さな黒い子犬が揺りかごの方へ歩いていく。なんともまるまるしてて、足が土間にふれるたび、まるでお金がチャランチャランしているみたいだ。叔母はぞっとした！　そして、

「消えてしまえ！　三百年姿を見せるんじゃないよ！」

どなったとたん、子犬は消えた。それで叔母は我にかえった。子犬に帽子か服か、何かしら投げなきゃいけなかったのに。そうすればお金になったのだ。これは叔母の持ち運だったのに。

（渡辺節子）

17　ライムの黒犬　イギリス

ライムの町の近くに農場主の住まいがある。その家はかつては古い館の一部だったが、館は議会の戦いで取りこわされて、一部分だけが現在も残っている。農場主が今使っている居間は、百年か二百年か前の先祖も使っていた部屋だが、今でも、広々とした煙突の下に、両側に座席がすえつけられた大きくて古風な暖炉がある。

何年も前、当時の主は、一日の仕事を終えた後で、いつも煙突のすみの心地よい席の片方にすわった。すると、大きな黒い犬が、いつも反対側の席にすわるのだった。この犬は、いく晩も、何週間も何か月も農場主と向かいあってすわり、夜の楽しみを少々陰気なものにした。犬が現れても何も悪いことは起こらないので、ついには、農場主は犬を家族の一員のように思うようになった。

しかし、隣人たちは、魔物のような侵入者を追いはらうようにとしばしば忠告した。だが、農場主は犬と争うのはいやだったので、冗談めかして答えていた。

「なんでそんなことをしなければならないんだ。あいつに金がかかるわけでもないのに。あいつはうちでは一番静かなやつだ。おまけに何も食べないし」

　だが、ある晩、農場主は隣人の一人としこたま飲んで、黒犬についてからかわれていきりたち、これ以上自分の勇気をうたがわれるのはまっぴらだと思った。かんかんになって家に帰ると、犬がいつもの席にすわっているのを見るなり、火かき棒をつかんで不気味な犬に飛びかかった。犬は屋根裏部屋に逃げこんだ。農場主が屋根裏部屋に入ると、犬は床からとびはねて、天井を通りぬけて消えた。逃げられてかっとなった農場主は、犬が通りぬけたあたりを火かき棒でつついた。すると小さな古い箱が落ちてきた。開けてみると、中にはチャールズ一世時代（一六二五―四九）の金貨と銀貨で、大金が入っていた。

　その後、犬が家の中に現れることはなかったが、今でも真夜中に、この家に通じる細道に出没する。そのため、ずいぶん前からその道は「犬横町」という名前になった。道端にある小さな宿屋が、亡霊のように恐ろしげに描かれた「黒犬」の不気味な看板で、道行く人を招いている。

　犬は一八五六年にも目撃された。夜中にわざわざ見物にいくほど好奇心がある人は、今でもこの犬を見ることがあるかもしれない。

　このあたりでは、犬を夜遅く放しておくことは絶対にゆるされない。どういうわけ

か、犬が姿を消すことが何度もあったからだ。黒犬の亡霊に驚いて死んだのだろう。（岩倉）

18　木魚と撥　漢（中国）

むかし、甕《かめ》を売る人がいた。二つの甕を天秤棒でかついで売りに行った。

ある村で、おおぜいの人が取り囲んで値踏みをしているところへ、一人の旅人が通りかかって、「一ついくらかね」と聞いた。甕売りが、値段を答えたところ、旅人は「この甕がどうしてそんなに高いのか?」と憎にくしげに言った。値段をかけあっていた人たちも、旅人が憎にくしげに言うのを聞くと、高いと思って、買うのをやめた。甕売りは、しかたなく甕をかついで帰ったが、腹の中は旅人への恨みでいっぱいだった。

甕売りは、考えれば考えるほど「あの旅人さえいなければ、甕はとっくに売れていた」と腹がたった。天秤棒をかついで峠を越えるとき、ついうっかり、一つの甕を岩にぶつけて割ってしまった。甕は一つ残ったが、一つではかつぐにかつげず、背負おうにもうまく背負えず、腹はへるし、胸は悲しみでいっぱいになった。腹立ちまぎれに、ドンと、この甕をたたき割った。

甕をたたき割ると、甕売りは座りこんだまま動けなくなった。甕を売って米を買って帰るのを家で待ちわびている両親、妻、子どもたちのことを考えた。甕が割れてしまった今、家族になにも買って帰れない。もう死ぬしかない。おしまいだ、と絶望して岩に登ると、飛びおりて死んだ。

旅人が商売をぶちこわして、自分を死に追いやったと考えると、死んだ後、甕売りは成仏できずに、一匹の犬となって、ぴったり旅人にくっついていった。旅人が進めば、犬も歩き、旅人が休めば犬も休み、旅人が宿で食事をとれば、犬は外で待っていた。旅人はなにも知らずに、犬がいつもぴったり自分についてくるのを見て、とてもかわいがり、えさを買いあたえ、休憩後に出発する時には犬に声をかけた。

ある晩、旅人はある寺に宿をこうた。この犬もついてきた。和尚《おしょう》は、犬を見ると呆然としたが、その場では黙って中にいれた。夕飯の後で、和尚は旅人を部屋に呼んで、たずねた。

「連れている犬は、お宅で飼っていた犬なのですか」

「いいえ、途中からついてきたのです」

「うーむ、ごぞんじなかろうが、この犬はあなたの命をねらっていますぞ。人の命を損なうようなことをして、恨みをかっていませんか」

旅人はどんなに考えても思い出せなかった。

「人の命を損なうなんてとんでもない、かたきなんて一人もいません」

まさに青天の霹靂《へきれき》、とんでもない話だ、旅人は、自分のひと言が一人の命を奪ったことなど知るよしもなかったのだ。和尚は言った。

「最初の二日は連れがいたから、犬も襲ってこなかった。今夜はもう待ちきれず、きっと命をとりにくる」

旅人は聞いて飛びあがった。あわててひざまずき、和尚に「助けてください」と言った。和尚は承知して、小僧を豚をあつかう店にやり、豚の心臓と肺を買ってこさせた。わら人形を作り、服を着せ、豚の心臓と肺をおしこみ、旅人が休むベッドにおき、帳《とばり》をおろした。それから部屋のすみに穴をあけて抜け道とし、旅人に言いつけた。

「犬の見ている前でベッドに入り、灯《あか》りが消えたら起きて、穴から逃げなさい。ここには二度ともどってきてはいけない」

旅人は言いつけどおり、ベッドに入るところを犬に見せた。わざと部屋の戸じまりはせず、灯りを消してから、こっそり起きだして穴から逃げた。

犬は旅人がベッドに入るのを見て、安心して、おとなしく戸口で番をしていた。真夜中になると、犬はギーッと戸をあけてしのびこみ、ベッドに跳びあがると、カリカりとわら人形を食いちぎり豚の心臓と肺を引っぱりだした。匂いをかぐと、人の心臓と肺のようではない。ベッドに横たわっていたのはわら人形だ。さらによく見たら、部屋のすみに穴が開いており、旅人が逃げてしまったことがわかった。急いで探したが、いくら探しても見つからない。かっとして、また、ひと思いに体をぶつけて死んでしまった。

翌日の夜明け前、和尚は犬が死んでいるのを見て、寺の入口のところに葬った。まもなくひと株の竹が生え、この竹は日に日に生長し、三年目には三十丈（約百メートル）の高さにまで達した。

三年が経ち、旅人は命を救ってくれた和尚の大恩を思い、たくさんの土産を持ってお礼にいった。和尚は旅人が来たのを見ると、嘆いて言った。

「二度と来るなと言ったのに、言いつけを守らなかった。今日やって来たら、もうここから帰れないでしょう」

旅人はそれを聞いて呆然とした。

「命を救っていただいたのに、お礼にうかがわないわけにはまいりません。こんなに長いこと、なにもなかったのに、まだ命をねらっているのでしょうか。どうか和尚さま、もう一度お助けください」

和尚は頭を振った。

「私が救わないのではなく、本当にどうしようもないのです。入口のあの竹が、犬の変わった姿なのです。三年目で、犬はきっと命をねらう。いまやあなたの遺骸をちゃんととどめることもむずかしいだろう」

旅人は凍りついた。ただ和尚に遺骸をとどめてくれるように、無理ならせめて骨だけは、と頼んだ。和尚は大きな甕を探してくると、旅人にかぶせた。

真夜中、ガラガラッと大きな音がひびき、竹は三十丈のウワバミになった。シュッシュッと外から入ってくると、甕の縁まではってきて、ぐるぐる甕に巻きついた。フーッと毒気を吐きだすと、甕はすっかり毒液につかった。ウワバミは毒気を吐きつくすと死んだ。旅人は甕の中で毒気にあたって肉が腐り、骨がひと山残っただけだった。

翌日、和尚は小僧に旅人とウワバミの遺骸を運び出して埋葬するように言いつけた。「二人の恨みはあまりにも深いから、少しでも遠くなるように、二つの山の頂上に別々に埋めるように」小僧は、旅人とウワバミを向かいあった山の頂上にそれぞれ埋葬した。

なんと、埋葬後、旅人の墓からは一本の松が生え、ウワバミを埋めたところからは藤が生えた。この藤はとても太くて、どんどん生長して、数年もしないうちに、向かいの山からつるを伸ばして、ひと巻きひと巻きしっかりと松にからみつき、松が大きくなると、そのぶん藤ももっと強く巻きついた。和尚はやって来てこれを見ると、「この二人の恨みは、何度生まれかわってもまだ解けないのか」と思った。松と藤をすっかり切り倒させて、松で木魚《もくぎょ》を作り、藤で撥《ばち》を作って、毎日たたいた。以来、寺院には木魚と撥があるのだ。

（馬場）

＊蛇に変身して、鐘の下に隠れた相手を毒気で殺し、自らも果てるところは、日本の道《どう》成寺《じょうじ》伝説とも共通するが、この話の基本モチーフは、エーバーハルトがタイプ一四六「借金の償い」、澤田瑞穂が「鬼索債」（『鬼趣談義』）に歴代の類話をまとめたように、「負債額に相当する額を償う」つまり「金の恨み」である。なお、貸しを解消しようと飼い犬に転生するというモチーフは、アメリカに住むラオス出身のモン（ミャオ）族の、同タイプの話にも見え、中国の西南地域から、東南アジア一帯にまで広がっているようである。木魚と撥の由来譚には、筆者が金華（浙江省）で聞いた話のように、木魚の音は「取取足《チユチユズウ》（［命は］もらったぞ、もらったぞ）」と云っているという「聞きなし」が続く話もある。

19　二人の女と犬　インド

あるところに義理の姉妹、ジェハニとデヴァラニがいた。二人が一緒に料理をしていると、一匹の犬が入ってきて、義妹の料理を食べた。義妹はこん棒で犬の背骨を折った。けれど義姉は犬をかわいそうにと思い、食べ物をあたえた。

次に生まれ変わったとき、この二人はどちらもあるバラモンの家に生まれた。そして義姉だった娘は豊かになり栄えたが、義妹だった娘は卑しい仕事をしなければならなかった。この女は七人の息子を生んだが、みんな次々に死んでしまった。そこで女はパンディット（僧、学者）のところに行き、事情を話して相談した。パンディットは書物を調べて言った。

「それはおまえが犬にひどいことをしたためだ。おまえが救われるには、これからずっとよい行いをするしかない」

そこで、この女は施しを始めた。するとある晩、一匹の犬が夢の中に現われて言った。

「これはおまえがわたしの背骨を折った罰だった。わたしは七度おまえの息子として生まれては死に、おまえの心を砕いたのだ。善行を続けなさい。そうすればわたしはもう一度おまえの息子として生まれ変わり、おまえは豊かになるだろう」（難波）

20　白いむく犬　ドイツ

ノイベルクとニーダーロイトの間にあるパス水車小屋の近くの小さな家に、水車小屋の持ち主で、言い伝えによれば魔法をつかえるというミュラー姓の家族が住んでいた。

大きくなった二人の息子のアダムとヨハンが、ある晩おそく、ニーダーロイトにあるダンス場から家に向かって歩いていた。二人がシモンズミヒルの館のところを通りかかったとき、二人はその館の門がしまっているのをはっきりと見た。それなりの門から、一匹の白いむく犬が飛びだしてきて、兄弟のまえを数回走って行き来して、生け垣の中に消えた。

怖いもの知らずのアダムはすぐさま片手いっぱいの石を拾いあげ、家の角の反対側から犬に当てようと走った。

ところが、アダムは角までやってくると、おどろいて石を落とし、向きを変えて逃げようとした。それというのも、アダムは、むく犬の代わりに、天まで届くような白い大男が膝をついて、農家の窓から中をのぞきこんでいるのを見たからだった。

アダムが弟のところにもどってきたとき、弟は兄の異変に気づき、たずねた。

「いったいどうしたんだ」

しかし、アダムはしばらく返事もできず、自分たちの家の近くまでやってきて、ようやく何が起こったかを話した。それから二人が家のすぐ近くまで帰ってみると、家のドアのまえにあの白いむく犬がいた。

アダムはさらなる恐怖におののいた。

「最後に自分の家に入るのもだめだっていうのか？」

と弟のヨハンの方は大声でのろいはじめた。

すると、むく犬は家の角を曲がって走っていった。

兄弟は犬のあとをつけ、さらに犬がハインベルクの方に走り、そこの森に消えるのを見た。そのとき突然、ものすごい音がとどろき、兄弟はびくびくしながら家にたどりついた。

次の日、人々はシモンズミヒルの息子が夜中に死んだというのを聞いた。ちょっと頭の弱い若者で、家畜番として使われていた。アダムはこの子をよくからかっていたので、死者が自分を罰したのだと思った。

（高津）

21　さまよえる犬　ドイツ

昔、ブリンクブルクの右手に城が建っていた。そこには金持ちの主人がいて、商人をみな引きこんでは、持ち物を奪って殺していた。

あるとき、ヴェッターブルクに行こうとした老人が、また引きこまれた。城の主人は老人に襲いかかり、こういった。

「おまえの持っている金をよこせ」

だが、老人はいった。

「わしはなにも持っていない」

すると城の主人である騎士は怒って、サーベルを抜くと老人の首を打ち落とした。

老人は死にぎわに、騎士にこういった。

「おまえさんは城と一緒に沈んで、犬になってうろつくだろう！」

騎士が再び城にもどると、稲妻が起こり、城は沈んでしまった。

それから、騎士は一年中、真夜中の十二時になると、燃えるように真っ赤な鎖をつ

けたブルドッグになって、城の周りをうろついている。城が建っていたところは、今ではくぼ地になっている。（杉本）

22　金曜日の夜　ドイツ

現在、フュルステンベルクにある校舎は、むかしの古い城の一部だった。かつてこの城には三人の兄弟が住んでいた。そのうち一人はとても乱暴で、はめをはずし、信じられないような罪深い暮しをしていた。男はついに自分のめちゃくちゃな行動に嫌気がさすと、縄で首をくくってしまった。この自殺がきっかけで、他の二人の兄弟はフュルステンベルクから出て行き、そこからずっと離れた遠いところに新しい城を建てた。

しかし、首吊りした男は墓地の中で安らかに眠ることができなかった。金曜日ごと、夜になると、首吊り男は鎖につながれた黒い犬になって城の周りをまわらなければならなかった。たくさんの目撃者の話によると、金曜日の夜にフュルステンベルク本通りで、かつての城のそばを通りすぎるとき、鎖につながれた黒い犬にであうと、その犬は黙ってシュトレリィツアー塔までついてくる、ということだ。

（杉本）

◆コラム◆　ヨーロッパの魔的な犬

　犬は家畜として飼われた動物の中でもっとも古く、その聡明さと忠実さは広く認められている。中世ヨーロッパでは、犬は邪悪のものから人々を守るとされ、魔女の手先として忌み嫌われていた猫よりも、よい待遇を受けていたようである。

　しかし、人々は犬を従順な友とする一方で、畏怖の念もいだいていた。人間の感じることのできない鋭敏な嗅覚をもつことから「犬が草を食べると天気が悪くなる」など天候に関する俗信が伝えられている。また、死の予知能力があることから神秘的な動物ともされていた。ギリシャ神話に登場するケルベロス（底無し穴の霊）は地獄の番犬として、死と結びつけられている。南ペルーやボリビアでは、あの世に連れて行ってくれるのは黒い犬であり、そのために大切にされているという。

　ヨーロッパでは、暗闇の中に出てくる犬は、不気味な魔物として考えられることが多い。その姿は黒く、大きく、燃えるような赤い目を持ち、ときには頭や尾がなく、出会う時間はたそがれ時から真夜中と伝えられている。黒は死の世界の色であり、人間の魂や死霊は黒い動物の姿をとるとされ、生前に悪事を働いた者、神を冒潰した者、まともに埋葬してもらえなかった者は、死後首なしの幽霊となって墓場や犯罪現場に現れることが多いといわれている。「金曜日の夜」（第三章22）に登場する鎖につながれた犬は、まさに、生前罪を犯した者が安息を得ることができずに、夜中にさまよい歩いている死霊であろう。

黒いむく犬は悪魔の変身した姿と考えられていた。埋蔵された宝は、時が経つと悪魔のものとなり、犬がその番をしているともいわれている。グリム童話の中には、宝がかくされている魔法の城で、魔物を退治して王女と宝を手にいれる「こわがることを習いに出かけた男の話」ATU326に、まっ赤に焼けた鎖につながれた黒犬や黒猫が、城の宝を守る魔物として登場する。このタイプの話は伝説にも多く見られ、本シリーズの『世界の花と草木の民話』（三弥井書店）の「魔法のユリ」（第一章9）でも宝の入った箱の上で番をしているのは黒い犬である。

「運のいい娘」（第三章14）では、宝のそばにいる犬に気づいたことから金を手に入れる。主人公が魔法のかけられた宝に出会うのは、場所や時間などの条件がぴったり合ったときであり、その成功の多くは主人公の恐れを知らない勇気によるものである。しかし、驚きの声をあげたり、宝に気づかずに通り過ぎてしまった時には運をのがす結果に終わる類話もある。

黒い犬と〈夜の狩人〉など超自然的な存在（第三章7、8）との関わりも伝えられている。嵐の夜やキリストの聖誕祭からご公現の祝日（一月六日）までの十二夜の時期には、狩りをする魔王が悪霊の軍勢を引き連れて大空を暴れ狂うという民間信仰がある。〈夜の狩人〉に登場する犬は本シリーズ『世界の魔女と幽霊』（第二章54、61）に紹介されている。

魔的で黒い犬の多くが人間をおびやかす存在である一方、人を助ける場合もある。「黒いむく犬」「護衛」（第五章9・11）の黒い犬は突然現れ、ひどい目にあわされた人間を助けたり、知らぬ間にふりかかる災難をふせいでくれる。「マクフィーの黒犬」（第五章10）も魔物と戦い、飼い主を死から守る魔力を持った黒い犬の話である。

（杉本）

23 犬になった騎士　ドイツ

エルムスホルンから同じ地区のホルムステーゲンへは、牧草地の上を長い木道が渡されていた。夜に向こう側に行くことは危険だった。

それは大罪を犯し、魔法にかけられた騎士が、ものすごく大きな犬の姿になって、ホルムステーゲンのそばの丘、昔その騎士の城があったクレーガースベルクに向かって、毎晩十時から十一時の間に歩きまわっているからだ。犬はそこから十一時から十二時の間にまた戻らなければならなかった。というのも一時間長く留まるたびに罪が一年増やされるということだった。しかも乾いた足で行くことが許されなかった。そこで、もし牧草地が十分湿っていないときには、古い草地といわれた小川をたどって進んだ。

犬の頭は牛のように大きく、その尻尾は干し草を固定する支柱のようで、毛はすごく長い草のようだった。そこで、こちら側に来るときには、自由に通りぬけることができるように、木道は開けておかなければならなかった。

ちょうどそこに出くわした人たちは、じめじめした牧草地や水の中に落ちた。犬に乗ってしまった者はもっとひどい目にあう。一番鶏が鳴くまで一晩中、あっちに行ったり、こっちに行ったりということになる。一番鶏の声を聞くとすぐに、乗っている者は振り落とされ、ずっと下手の水辺の杭のところで見つかった。

現在、牧草地には鉄道が通り、犬は消えたそうだ。

（杉本）

24　三匹の犬　ドイツ

ひとりの兵隊が長い戦争からもどってきたが、金もしだいになくなり、文無しになった。

そのとき兵隊は老婆に出会い、ちょっと援助してくれないかとたのんだ。老婆もそのつもりで兵隊に古い前かけをやり、兵隊に言った。

「この前かけをもってこの小川を上流にいって、高い牧草地まできたら、前かけにのって流れを下るように」

兵隊は老婆と別れるときに、道中、おばあさんのために何かもってくるものがあるかとたずねると、老婆は答えた。

「そうだ、火打石を持ってきておくれ、そこにわたしが忘れたものさ」

兵隊は木のところに行き、その中に入った。兵隊が下につくと、そこには大きな木箱があり、その上には額に茶碗のような大きな目をした犬がすわっていた。

それから二つ目の木箱があり、その上には皿のような目をした犬がすわっていた。

そしてさらに三つ目の木箱には、おなじように鉢のような大きな目をした犬がすわっていた。

兵隊は迷わずに犬を捕まえ、三匹とも古い前かけの上にのせ、木箱をあけた。最初の箱には銅貨が、二番目には銀貨が、三番目には金貨がはいっていて、兵隊はそこから持てるだけたくさん持ち出したが、火打石をポケットにつめこむのを忘れてはいなかった。そして、もう一度木をのぼって、先を急いだ。

まもなく兵隊はあの老婆に出会った。老婆は火打石をよこせといったが、兵隊は渡そうとしなかった。そして二人は争いになり、兵隊はその老婆を打ち殺してしまった。

その後、兵隊は金がたっぷりあったから、ほんとうに楽しく暮らすことができた。しかし、それもすっかり使いつくし、まもなくなくなった。だんだんに友だちもやってこなくなり、ついには見すてられ、ひとりぼっちになった。

ある日のこと、パイプに火をつけようと思い、あのとき以来思い出しもしなかった火打石を使ってみた。すぐさま、兵隊はこの火打石のすばらしさがわかった。

それというのも、火打石をこすったとたん三匹の犬があらわれ、「何がおのぞみでしょうか?」とたずねたからだ。兵隊は「金をもってきてほしい」と言った。

三匹の犬が数えきれないくらいたくさんの金をもってそこに来るまで、三十分もかからなかった。

兵隊はまた金持ちになり、こんどはその町に住んでいる王女と結婚したいと思うようになった。しかし、兵隊はまず何をすればよいのか、わからなかった。それというのも兵隊は見た目がよくなかったからだ。そこで犬たちを呼び、姫をつれてくることができるかどうかたずねた。

「お心のままに」と犬たちは言うと、姿を消した。夜中、三匹の犬は城に行き、王女を背中にのせて兵隊のもとにつれてきた。こんなやり方で犬たちは王女をまた城につれて帰った。

次の日の朝、王女は夢をみたと言ってこの話をした。しかし王さまは心配になり、王女の部屋のドアの前に見張りをつけた。

その晩、犬たちがまたやってきたとき、見張りたちは眠っていた。そこで犬たちはまた王女をつれていった。ところで衛兵の一人がこれを見ていて、犬たちの後をついていって、犬たちがかけ込んだ家に線を引いておいた。

しかし、犬たちはこれに気がつくと、どの家に王女がいるのかだれにもわからないように全部の家に線を引いた。

三日目の晩、犬たちはまた王女をつれてきた。今回、見張りはその家の前にエンドウ豆をまいた。しかし犬たちは、そのエンドウ豆をみんなまた集めさせた。

四日目は、兵隊みずから王さまのところへ出かけていき、姫を手に入れようとしたが、王は兵隊を牢獄にぶちこんだ。

兵隊はもう絶望的だった。火打石を持っていなかったから、犬たちを呼ぶこともできなかったからだ。どうしたら逃げられるだろうかということで頭がいっぱいだったが、何の手立てもみつからなかった。

そのとき、ひとりの若者が窓の下を通りかかったので、兵隊は若者にたのみごとがある、部屋の前にある火打石を持ってきてほしいとたのんだ。そして、火打石のある場所を正確に描いた。若者がすぐに火打石を持ってもどってくると、兵隊は細いひもで格子窓まで引き上げて、「これでいいぞ」と思った。

兵隊は裁きの場に立ったとき、最後にもう一度タバコを吸わせてほしい、と願い出て、かなえられた。

兵隊が火打石を打つやいなや、もう三匹の犬がやってきた。犬たちにむかって、「つかまえろ！」と兵隊は言った。同時に犬たちはとびかかり、裁判官や王さまをひきさいた。

それから兵隊は王女と結婚してほんとうに幸せにくらした。もし、二人がまだ死んでなければ、いまも生きているよ。

ATU562（高津）

第四章　狼の歌——こわい犬と狼

1　犬の復讐　ロシア

男が狩りにでかけ、お気に入りの犬もつれていった。森の中やら沼地やら歩き回ってみたが、なんにも出くわさない。そのうち暗い夜となって、真夜中もすぎたころ、墓地のそばを通ったら……わかれ道のところに白い布の死びとが立っていた。男はぎょっとしたが、さて、先へ進むか、引っ返すか？

「なんとでもなれ、いくぞ！」と、行くと犬もあとを追ってきた。男に気づくと、死びとはすーっとこっちへくる、足が地面から三十センチもはなれていて、白い布がひらひら、ひらひら。男にとびかかってきたが、犬が死びとのむきだしのふくらはぎに食いついて戦いはじめた。男は犬が死びととやりあっているのをみるや、うまくいったと喜んで全速でうちへ走った！

犬は鶏が鳴き出して、死びとがぱたっと倒れて動かなくなるまで戦った。それから主人のあとを追いかけ、家のきわで追いつくと、かみつこうととびかかってきた。ものすごく怒っていて、家の人たちが引き離すのもやっとのほどだった。年老いた母親

が、

「なんかあったのかい？　なんだって飼い主におそいかかったりするんだろうね？」

男はあったことをすっかり話した。

「そりゃよくないよ、おまえ。おまえが助けてやらなかったから怒っているんだよ。犬が死びとと戦ってるのにおまえは見捨てて、自分だけ助かろうっていうんだから。このあともずっとおまえを恨むだろうね」

翌朝、家の人々が外へ出ても犬はなんともないが、主人が姿をみせるや、吠えかかった。そこで犬は鎖につながれた。

丸一年、犬は鎖につながれていた。それでも主人の仕打ちを忘れなかったのだろう。ある時、鎖をきって主人にとびかかり、殺してしまった……そこで犬も殺された。


（渡辺節子）

2　怪犬　韓国

　むかし、ある男が数年犬を飼っていた。ある日、男が板の間に横になって昼寝をしていると、犬がとうもろこしの茎をばさばさとかきまわし、一本抜き取って板の間に上がってきて、それで主人の背丈をはかった。犬は、そのとうもろこしの茎を持って裏山に登っていった。

　男は不思議に思って、そうっと犬の後をつけていった。犬は地面をさっさと掘り、そのとうもろこしの茎で深さをはかって、主人の背丈ほど掘ると、家に帰った。男は犬のしていることを見て、これはただごとではないと思って、急いで家に帰ると、自分が寝ていたところに他のものを寝かせ、ぼろ布団をかぶせて、まるで自分が寝ているようにしておいた。男はかくれて犬の様子をうかがっていた。

　しばらくすると、犬が帰ってきて、板の間に上がり、ぼろ布団でおおったものをがぶりとくわえて裏山にのぼって、前に掘っておいた穴に投げこんで土をかけた。

　翌朝、男が庭に出ると、犬が男を見て不思議そうな目つきをした。まるで、埋めた主人がどうして生きているのかというような様子だった。

　夜になると、犬は、葬式の時に墓の近くで祭祀を行う祭庁に入って、しまってあった喪服を取り出して着て、喪服用の帽子をかぶってでかけた。男がそうっと後をつけていくと、犬は前の山にある大きな洞穴の前に行って「ただいま参りました」といった。

　すると大ウワバミが出てきて「どうして来たのか」と聞いた。

「はい、私は今まで主人にひどくいじめられたので、うらみをはらそうとして、寝ている主人を裏山に埋めたのですが、どういう手違いか主人は生き返ってしまいました。あなたさまのお力でうらみをはらしたいとぞんじます。どうかお力をお貸しください」といった。

　すると大ウワバミはいった。

「では、明日わしが行ってうらみをはらしてやろう。そのために、おまえは家に帰って家中の油という油を一滴のこらず始末しておけ」

　男はやりとりをみんな聞くと、急いで帰り、村中をかけまわって油という油を集め、家の中やら、中庭やら、裏庭やら、屋根の上やら、石の柱やら、あがりかまちやら、大門の中のちょっとあいたところまで、ありとあらゆるところに油をぬりまくった。

犬が来ると、家中油まみれなので、あちこちうろうろしながら、塗ってある油をなめ、油をなくそうとした。男はまた油を塗った。なめては塗り、なめては塗りして家中油まみれだった。

夜になると大ウワバミがやってきて犬を呼んだ。犬は出ていって大ウワバミに会い、いっしょに家の中に入ってきた。

ところが、大門の中のちょっとあいたところといい、あがりかまちといい、中庭といい、油だらけだったから、大ウワバミは怒って「こいつめ！　おまえはわしを殺すつもりか」といって犬を食い殺してしまった。

「鶏不三年　狗不五年」という言葉がある。この言葉の意味は、鶏を三年以上飼うと主人に害を与え、犬は五年以上飼うと主人を害するという意味だ。男は犬を何年も飼っていたので、主人を害そうとしたが失敗したという話である。

（辻井）

3　狼の智恵　リトアニア

　ある部落に男の人がいて、馬をもっていた。ある時、男は毛皮の外套《がいとう》を着て銃を持つと、馬の放牧に出かけていった。静かな晩だった。男は横になって寝た。そばには焚き火が燃えている。

　突然、狼が近寄ってきて、においをかぎはじめた。そしてにおいをかぐといってしまった。一方、男は狼のきたのがわかっていたが、起きようとはしなかった。

と、狼が、またやってきた。それも全身びしょぬれで。焚き火に近寄ると、ぶるぶるっと体をふるった。火は小さくなった。また狼は去った。川へ水浴びしに行って、ぬれねずみになってもどってきたのだ。またもや焚き火にむかってぶるぶるっと体をふるわせると、火はいっそう小さくなった。そして狼はまた去った。

　狼が自分を襲うつもりだな、と男はさとった。そこで毛皮の外套を人が寝ているふうにしておくと、自分は茂みに隠れた。三たび狼がきてぶるぶるっとやると、火がすっと消えた。瞬間、狼は外套に飛びつき、のしかかってきた。

男は銃で狼をうった。

（渡辺節子）

4　狼の歌　ロシア

昔々、おじいさんとおばあさんがいた。二人には七匹の羊がいて、八頭目は雄馬で、それから雄牛、「皿なめ猫」に「やたら吠え犬」、そして息子と娘もいた。一家は山のふもとに暮らしていた。

さて、狼が山の上に現れた。丘の上に腰をおちつけ、うなるというか、歌っているというか。狼がうなるには、

すてきな、すてきな、お屋敷だ、藁の玄関昇り口、
お百姓には七匹の羊がいて、
八頭目には雄馬がいて、それからまだらの雄牛、
「皿なめ猫」に「やたら吠え犬」、
じいさんばあさんに、息子に娘！

おじいさんは耳をすまして聞いていて、
「ばあさんや、羊を一匹やりなさい。狼がとってもすてきにうなってるわい！」

羊を一頭やると、狼は食いつくした。
次の日、またも狼は丘の上に腰をおちつけ、うなった。
すてきな、すてきな、お屋敷だ、藁の玄関昇り口、
お百姓には七匹の羊がいて、
八頭目には雄馬がいて、それからまだらの雄牛、
「皿なめ猫」に「やたら吠え犬」、
じいさんばあさんに、息子に娘！
狼は毎日やってきてはこんなふうにうなるのだ。そのたびごとに羊を一匹ずつやっていた。そのあとは馬をやり、牛をやり、猫をやり、犬をやり、息子をやって、娘をやって、おばあさんをやった。おばあさんを食いつくすと狼はまたもややってきてうなる。
すてきな、すてきな、お屋敷だ、藁の玄関昇り口、
お百姓には七匹の羊がいて、
八頭目には雄馬がいて、それからまだらの雄牛、
「皿なめ猫」に「やたら吠え犬」、
じいさんばあさんに、息子に娘！

じーっと聞いていたおじいさん、

「なんてうまくうなってるんだ……わしも行くとしよう」

丘へ上がっていって……狼がおじいさんも食いつくした。

ATU163（渡辺節子）

5　狼女房　漢（中国）

むかし、南の山にワンシャオという若者が柴を刈って暮らしを立てていた。ある日、ワンシャオが山に入り柴を刈っていると、突然柳の木立のなかに一頭の狼が腹ばいになっているのに気がついた。ワンシャオは驚いてブルッと身ぶるいした。しかしよくよく見ると、これは生々しい、まだ新しい狼の皮だった。いそいでその皮をグルグル巻きにし、柴の中にたばねながら思った。

もし母さんが生きていたら、敷き布団を作ってあげられたのに、そうしたらどんなに喜んだだろう。

夕方になった。ワンシャオがふと頭をもたげると、目の前に大変美しい娘が立っていた。ぼうっとしているワンシャオに娘がいった。

「お兄さん、狼の皮をひろいませんでしたか?」

「いいや、見てないな」といい、どうして狼の皮を探しているのか聞いた。娘は、狼の皮をなくしてしまって家にもどれないから、ワンシャオの家に行って数日間過ごしたい、といった。ワンシャオは引き受け、やがて二人は夫婦となった。

ワンシャオは毎日柴を刈っては売りにいき、妻も家で家事をこなし、毎日三食きちんとご飯を作った。やがて若夫婦の暮らし向きはよくなってきた。あっという間に一年がたち、妻はまるまるとした赤ちゃんを産んだ。二人はさらに仲良くなった。

二年後のある日、世間話をしていて、また狼の皮の話になった。ワンシャオは、子どももこんなに大きくなったことだし、妻にそのことを話してもよかろうと思い、狼の皮は、裏庭の石臼の台の下にかくしてある、と教えた。次の日、ワンシャオが町に柴を売りにいっている間に妻は裏庭の臼の台を持ち上げ、狼の皮を取り出し、家の中に入って広げた。子どもに口づけをするとその皮の上をころがり、庭から山に走っていった。村はずれで堆肥《たいひ》を掘り返していた人がそれを見て、しばらく追いかけたが追いつけなかった。夕方ワンシャオが村に帰ってくると、自分の家の庭から狼が逃げていったことを聞いた。急いで裏庭に走っていくと、狼の皮はどこにもなく、妻の姿もなく、子どもはオンドルの上で泣いていた。

次の朝早く、ワンシャオは子どもを抱いて東の山に向かった。山に洞穴が見えたので、子どもを抱いたまま山を登り、洞穴に入っていった。進めば進むほど中は広々として、そこには垣根に囲まれた家があった。一人の老人が、ここに来たわけをたずねことができなかったら、父子とも食べてしまうぞといった。

ワンシャオが家に入ると、まったく同じ姿の七人の娘が鏡に向かってお化粧をしていた。お化粧が終わると一列になって立ち上がったが、背の高さも何ひとつ変わらなかった。いったいどうしたら見分けられるのだろう。ワンシャオはあせって汗がふき出た。突然ふところに抱いている子どもに気づき、子どものお尻を力いっぱいつねった。子どもが大泣きすると、二番目の娘がびくっとしたのを見逃さなかった。ワンシャオはその娘を指さしていった。

「この人だ」

老人はワンシャオに娘を連れていくことを許した。もともと、ワンシャオの妻は狼の二番目の娘だったが、狼は娘の狼の皮を手元においておくことにした。そこでワンシャオは娘を連れて帰り、再び幸せに暮らした。

（三倉）

6　犬になった息子　フランス

犬は時に魔法使いによって変身させられた人間の姿なのだ。こんな例が伝えられている。

ある農家に迷い犬がやってくるようになり、いつも暖炉の火のそばにうずくまり、パテをもらって食べていた。家の主人はこの犬をうるさく思い、足で追い払おうとした。すると犬は主人のほうを向いて、

「父さん、僕が誰だかわかったらそんなにひどい仕打ちはしないでしょうに」といった。

犬はこの農家の息子で、だいぶ前からいなくなり、旅に出たものと思われていたのだった。息子は好奇心が強く、手近にあった不思議な本を読んで犬に変身したようなのだ。

（新倉）

7 小さい歯の犬　イギリス

むかし、世界中を旅してまわる商人がいた。あるとき、旅のとちゅうで、商人は盗賊に襲われ、命もお金もとられそうになったが、大きな犬が助けにきて盗賊を追いはらった。

犬は盗賊どもを追いはらうと、商人を自分の家へ連れて帰った。それはすばらしい家で、犬は商人の傷の手当てをして、元気になるまで世話をした。

旅に出られるようになると、商人は家へ帰ることにした。出かける前に、犬に親切にしてくれたお礼をいって、お返しに何がほしいかとたずねた。自分が持っているもののなかで一番大事なものでも、ほしいといわれたら断らない、と商人はいった。

それで、商人は犬にこういった。

「私は十二か国語をしゃべれる魚を飼っているが、それを受け取ってもらえないかね」

「いやだ。いらないよ」と犬はいった。

「それなら、金の卵をうむガチョウは？」

「いやだ。いらないよ」と犬はいった。

「人が考えていることがうつる鏡は？」

「いやだ。いらないよ」と犬はいった。

「じゃあ、何がほしいんだね」と商人はいった。

「そういう贈り物はどれもほしくない。あんたの娘をぼくの家へ連れてこさせてくれ」

　商人はそれを聞いて悲しんだが、約束したことは果たさなければならない。そこで犬にこういった。

「私が帰って一週間たったら、娘を連れていくといい」

それで、一週間後に犬は商人の家へ娘をもらいに行った。だが、商人の家に着くと、犬は戸口の外にいて、中へ入ろうとはしなかった。

　でも、商人の娘は父親にいわれたとおりに、犬といっしょに行けるように旅じたくをして外に出てきた。

　犬は娘を見て喜んだ。

「背中に乗りな。ぼくのうちへ連れていってやるよ」

娘は犬の背中に乗った。二人はすごい速さで進んで、何マイルも離れた犬の家に着いた。

犬の家の入り口までくると、娘はめそめそ泣きだした。

「どうして泣いてるんだい」と犬はいった。

「お父さんのところへ帰りたいからよ」と娘はいった。

「家にいるのは三日だけって約束してくれたら、連れて帰ってやるよ。だけど、まず最初に、ぼくのことをなんて呼ぶ？」

「大きくてきたない、小さい歯の犬」

「それじゃあ、家には帰らせない」

だけど、娘があんまりあわれっぽく泣くので、犬はもう一度、家に帰してやると約束した。

「出かける前に聞くけど、ぼくのことをなんて呼ぶ？」

「あなたの名前は、『蜂の巣のように甘い』だわ」

「背中に乗りな。家まで連れて帰ってやるよ」

そして、犬は娘を背中に乗せて四十マイル走ってきた。するとそこに踏み段があった。段をこえる前に、犬がきいた。

「ぼくのことをなんて呼ぶ？」

娘はもうだいじょうぶと思って、こう答えた。

「大きくてきたない、小さい歯の犬」

娘がそういったとたん、犬は段をとびこえるのをやめて、すぐにまわれ右をして、娘を背中に乗せたまま自分の家まで走ってもどった。

また一週間が過ぎて、娘があんまり激しく泣くので、犬はまた娘を父親の家へ連れていく約束をした。

それで、娘は犬の背中に乗った。前と同じように踏み段のところまでくると、犬が立ち止まってきいた。

「ぼくのことをなんて呼ぶ？」

「蜂の巣のように甘い」と娘は答えた。

するとと犬は段をとびこえた。それから二十マイル進むと、二つ目の踏み段があった。

「ぼくのことをなんて呼ぶ？」と、犬は尻尾をふってきいた。

娘は犬のことよりも、父さんや自分の家のことを考えていたので、こう答えた。

「大きくてきたない、小さい歯の犬」

すると、犬は怒り狂って、まわれ右をして前と同じように自分の家まで走って帰った。

また一週間、娘が泣き暮らすと、もう一度、犬は父親の家に連れて帰ると約束した。それで娘はまた犬の背中に乗り、最初の踏み段のところへくると犬がきいた。

「ぼくのことをなんて呼ぶ？」

「蜂の巣のように甘い」と娘は答えた。

犬は段をとびこえて、二人はどんどん進んだ。今度は、娘は思いつくかぎりのやさしい言葉をかけてやろうと決めていた。そして、父親の家までやってきた。

商人の家の戸口までくると、犬はいった。

「ぼくのことをなんて呼ぶ？」

その瞬間、娘はいおうとしていたやさしい言葉を忘れて、こういいかけた。

「大きくて……」

犬は向きを変えようとした。娘は扉のかけがねをしっかりつかんで、「きたない」といおうとした。だけど、犬がとても悲しそうなのを見て、自分にどんなにやさしく辛抱強くしてくれたかを思い出して、こういった。

「蜂の巣よりも甘い」

そういった時、娘は犬が満足して走って帰るだろうと思っていた。ところが、そうはならずに、犬は突然後ろ足で立ち上がると、前脚で頭をもぎとって空中へ放り投げた。毛皮がぬげて、そこにはこの世で誰よりも美しい若者が立っていた。その歯は、見たこともないほどきれいで小さかった。

もちろん二人は結婚して、幸せに暮らしたのさ。

ATU425C（岩倉）

8　犬に嫁がされた娘　インド

水車で製粉を営んでいる女がいた。製粉代金を受けとった上に、預かった穀物をいつもくすねていた。ある日、女は用事ででかけなければならなかったので、自分の娘に、製粉を頼まれたら、必ず穀物をくすねておくようにと言いおいた。娘は受けとるべき製粉代金だけをとり、穀物をくすねることはしなかった。

母親は、「今度、くすねなかったら、おまえなんか、そのへんの犬か猫に嫁がせてしまうよ」と言っておどかした。

娘はそれでもくすねようとしなかったので、母親は司祭を呼んで、「犬でも猫でも、最初に行きあった者に娘を嫁がせるようにはからっておくれ」と言いつけた。司祭はでかけていって、最初に行きあった犬と娘との結婚を取り決めて帰ってきた。

「犬なんかに嫁いだら、どうやって義父母のところへ行ったらいいの？　犬なんかに嫁がせないで」と娘は母親に泣きついたが、母親はかまわずに嫁入りの準備を進めた。

仕立屋に嫁入り衣装を頼み、細工師に娘の鼻につける金の鼻飾りを頼んだ。用意が整うと、犬と猫ばかりの一行が娘を迎えにきた。娘は泣き続けたが、母親は、花婿が娘を連れていく途中で食べる揚げパンの代わりに、籠の中にトゥルシという植物の種を入れて、行列を出発させた。

花嫁行列がしばらく行くと、クリシュナ神が行列の犬や猫をすべて人間に変え、クリシュナ神自身はすばらしい花婿の姿になり、「一緒に天の神の国に行こう」と娘を誘った。

娘は母親も一緒に連れていきたいと頼んだ。

「おまえの母親は、おまえを犬に嫁がせようとしたではないか」と神は言った。

「それでも、母さんは、ほかならぬわたしの母さんなんだから」

娘はそう言ってきかなかった。

（前田）

＊語り手は、インド最北部のジャンムー・カシミール州のカトラーの女子中学生。一九六三年二月九日に前田式子採録。

9 ビアニックと人食い鬼　フランス

ブルターニュのドゥアルネ湾に住む漁師が妻に先立たれ、三人の幼い息子と暮らしていた。財産といえるものは小さな舟と網だけだった。漁師は毎日息子たちを連れて海に出て、漁でとれた魚でなんとかその日暮らしを送っていた。時がたち、漁師が死ぬと、三人の息子たちに残されたのは、小さな舟と魚をとる網だけだった。息子たちは、毎日、どんな天気の日もいつもおなじように海に出た。でも、経験の浅い息子たちは、ほとんどなにもとることができなかった。

ある日、沖に出た息子たちの小舟が強い風にあおられて転覆し、三人は海に投げ出された。朝になると風がおさまり、息子たちは知らない土地に上陸した。そこは島だった。人が住んでいないかと探したところ、高い壁に囲まれた古い城があった。壁に沿ってひと回りしたが、どこにも入り口がない。どうやって中に入れるだろうか？三人は途方にくれた。それで、チビでビアニックと呼ばれていた末の弟が、壁の近くにある大きな樫の木に登った。そして枝を伝って大きな庭園におりると、あらゆる種類の美しい花と果実があった。

庭に入ったビアニックは、壁の上から、梨やリンゴ、オレンジや桃を兄たちに投げてやった。自分も腹いっぱい食べると、城の中を見てみることにした。扉は大きく開かれていたので中に入った。台所には誰もいなかった。しかし一頭の牛がまるごと串焼きになっており、テーブルには焼きたての白い丸パンが積み上げてあった。いそいでいくつかをつかむと、壁ごしに兄たちに投げてやった。台所にもどり、串焼きの牛をひと切れきりとり、家にいるときのように落ち着いて食べはじめた。

するとすぐ、何者かが石の階段をゆっくりと下りてくる重々しい音が聞こえた。まるで両足にそれぞれ百キロの重しをつけているみたいだった。ビアニックはいそいでテーブルの下に隠れた。やってきたのは人食い鬼で、身の丈は三メートル以上、身幅は二メートルもあるかに見えた。人食い鬼は火の上で回っている牛肉を串からはずし、テーブルに置いた。それから酒蔵へ行ってワインを一樽、小脇にかかえてきた。その酒樽を床におくと、栓を抜いて食べたり飲んだりし始めたのだが、そのさまといったら見ものだった。

突然、人食い鬼はおならを連発しはじめたが、それはまるで砲丸が半ダースも飛んできたみたいだった。ビアニックは台所の端までふっとばされた。ゆっくり起きあがると、帽子をぬいで人食い鬼の前に出てくだけた調子で「こんにちは、父さん」とあいさつした。

「父さんだと？　できそこないめ、どこから来たんだ？」びっくりした人食い鬼が聞いた。

「あなたのお腹からですよ」

「どうやってだ？」

「ええ、たしかにあなたはぼくの父さんですよ。たったいま、ぼくをこの世に送りだしたんです。さっきのおならでね。なにか普通じゃないって感じませんでした？」

「たしかにこんなに騒がしかったのは覚えがないな。ふだんとはちがっていたんだな」

「ぼくのせいだったのですよ」

「おまえがいくらチビでも相手ができてよかったわい。こんなに広い城でときには退屈だったから、もうひとり暮らしでなくなって幸いだ。ほらこっちへきて前に座って食べるがいい」

ビアニックはほっとして人食い鬼の前に座って食べたり飲んだりした。牛の骨しか残らなくなるまで食べると、人食い鬼はいった。

「さて、これから人間狩りに出かけるからな。しばらくの間留守にする。心配することはない。ここにはなんでもそろっているからな。好きなだけ飲み食いするがいい。庭にはあらゆる果物がある。雌犬を一匹おまえの相手においていこう。それと、城のすべての部屋の鍵がこれだ。鍵は七十あってぜんぶダイヤモンドでできている。これらの鍵でどの部屋をのぞいてもかまわない。ただし、ひとつの鍵だけは使うことができないよ」

人食い鬼は出かけていった。

ビアニックは兄たちが待っているかどうか確かめにいった。しかし兄たちは、弟がもどってこないので、しばらく待ってみたが、ビアニックはきっと城に住む人食い鬼に食われてしまったんだ、と思って帰ってしまっていた。

鍵束を手にしたビアニックは、すべての広間や部屋を見てまわった。驚いたことには、いたるところに金、銀、ダイヤモンドその他のすばらしいものが積んであった。しかも人っ子ひとり、動物一匹見あたらない。まだ使わない鍵がひとつ残っていた。だが、いくら探しても、この七十番目の鍵に合う穴は見つからなかった。くやしがっていると、どこにでもついてきた犬が、前足を壁に当てて、合図でもするかのようにビアニックを見上げて吠えるのだった。

その場所をよく見ると、鍵穴があり、七十番目の鍵がぴったりはまった。鍵をまわして中に入ってみると、隅にダイヤモンドの詰まった小箱があった。鍵がついていたので開けてみると、これまでに見たどれよりも大きくて輝いているダイヤモンドがひとつあった。箱の内側には次のような文字が書かれていた。

「このダイヤモンドを手にした者は、『ダイヤモンドの力により、これこれのことが起こるように』と唱えればいかなる望みもただちにかなうであろう」

「すばらしいぞ」ビアニックはダイヤモンドを手にとって唱えてみた。

「ダイヤモンドの力により、ぼくと犬がパリへ運ばれるように！」（この犬は犬の女王だった）

あっというまに二人は空中を飛んでパリへ運ばれた。着いたのは王宮の前で、夜だった。ビアニックはもう一度唱えた。

「ダイヤモンドの力により、王さまの宮殿よりもっとすばらしい城をここに建てるように！」

ただちにその場に望みどおりの城が現れた。城壁は銀、窓は金で、屋根の上にはスレート瓦の一枚ごとにダイヤモンドがついていた。

翌朝、朝日が城を照らすと、まぶしくて、誰も長いあいだみつめていることはできなかった。目をさました王が窓からのぞくと、きらめく光で目がくらみそうになった。

「あれはいったいなんだ」王は怒った。すぐに将軍を呼んだ。

「どこのどいつが私の城のまん前にあんな城を建てて、人の目をくらませるんだ」

「残念ながら、陛下、誰にもわからないのでございます。私どもも陛下と同じくらい驚いて怒っているのでございます。一晩のうちに建てるとは、魔法の業にちがいありません」

「すぐに城の主人に会いに来るよう伝えるのだ」

将軍は一隊の兵士を連れ大砲をひかせて城へ向かった。一行がやってくるのを見たビアニックは近づいてあいさつした。

「大胆にも、王さまが不愉快になるような、こんな城を建てたのはあなたですか？」

「はばかりながらたしかに私でございます」

「それならすぐに王さまにお目にかかるのだ。早く来ないと命がないぞ」

「どうか落ち着いて。王さまには、話があるならこちらへ出向いてお会いくださるようお伝えください」

「なんと無礼な！　すぐにいうとおりにしないと、きさまの城なぞ大砲で攻撃してこわしてしまうぞ」

「どうぞお好きなように。でもぼくはあなたのいうとおりにはなりませんから」

城に向けてねらいを定め、一斉に大砲の砲撃が始まった。しかし砲丸は城を破壊するどころか、はね返って兵士たちを殺し、大砲をひっくり返した。このありさまを見た将軍は、これにはなにかしら妖術がある、自分と大砲をばかにしている力に対して、やっきになって戦おうとするのは間違っていると思った。それでがっくりして王のもとへもどり、いきさつを語った。王も、慎重に振舞うほうがよかろうと考え、自身で出向き、夕食にと宮殿へ招待した。ビアニックはすぐ招待に応じた。

食卓の席は、王の一人娘で若く美しい王女の隣だった。ビアニックは一目見るなり恋におち、王に王女との結婚を申し込んだ。王は、これほどハンサムで立派な城を持つ若者をこばむことはできず、一週間後に婚礼があげられた。盛大な宴が開かれ、国中に祝い気分があふれた。ビアニックの兄たちも小舟と魚をとる暮らしを離れ、城にきて住むようになった。

一か月ほどして祝いと宴会が終わると、三人の兄弟は、狩りの獲物が豊富な近くの森へしばしば狩りに出かけた。ビアニックは狩りに出かけるとき、魔力をもつダイヤモンドを城においていった。置き場所を知っているのは妻だけで、妻はその不思議な力についてては知らなかったのでなにも心配しなかった。

一方、人食い鬼はビアニックが出ていったあとですぐもどってきた。魔力のダイヤモンドと犬を失ったことで嘆き悲しみ、数日のあいだあたり一帯に響くような荒々しいうなり声で吠えまくった。そして追跡に向かった。人食い鬼が思いついた計略とはこんなふうだった。前に話したように、人食い鬼の城にはあらゆるサイズとあらゆる値打ちのダイヤモンドがあふれていた。人食い鬼はそれらのダイヤモンドを袋につめて肩にかつぎ、旅に出た。行く先々で「古いダイヤモンド一つで新しいの二つと取りかえるよ」と叫びながら。

古いダイヤモンドを持っていた人々はみな新しいのと取りかえた。

ビアニックは二人の兄と狩りに出ていた。妻はみんなと同じように、「古いダイヤモンドを新しいの二つに取りかえるよ」という叫び声を聞いた。夫のダイヤモンドが古く見えたので、取り出して新しいのとかえてもらった。

人食い鬼は魔力のあるダイヤモンドをすぐ見わけたので、あわててつかむと、袋は中身を入れたまま放り出してできるだけいそいで逃げさった。

狩りからもどったビアニックに、妻はダイヤモンドを取りかえたことについてなにもいわなかった。ビアニックは夕食をとり、いつものようになにも気にせず床についた。だが、真夜中に寒くて目がさめた。驚いたことに、星空の下で、地べたに妻と横たわっていたのだった。

「きっとこれは夢だ」目をこすりながら叫んだが、夢ではなく、悲しい現実だった。魔力の石とともに、城もその中のものすべてが、現れたときと同じように突然消えてしまったのだった。

翌朝、王は、寒さに震え、泣きながらもどってきた娘から、夫が城を失い、露天で夜を過ごしたことを聞いた。

「怪しいと思ってはいたんだ。何も期待してはいけない山師だったんだな。死刑台にのせるまで牢屋にぶちこんでおけ」王は怒った。

ビアニックは牢屋に入れられた。

一方、犬は王宮に行き、そこで話されることをすべて聞いた。ある日、主人が翌朝十時に処刑されることを知り、牢屋にいる主人のそばまで行ってこういった。（犬も魔女だったのさ）

「明日の朝、王さまは処刑を執行するつもりです。でも、心配いりません。お救いする方法がわかりますから。夜のあいだに、私は旅に出ます。そして明日の朝もどります。ご主人が死刑台にのせられるときにお救いします。どうか心配しないで」

ビアニックが犬を抱いてお礼をいうと、犬はすぐに出発した。

犬はまず猫の女王のところへ行き、事情を話して助けを求めた。

「私自身ではそのやっかいごとからお救いすることはできませんわ。でもネズミの女王のところへ行ってみましょう、きっとあなたのお役にたつでしょう」

そこでネズミの女王に会いに行き、わけを話して助けを求めた。

「人食い鬼は、魔力の石を取り返してからは、虫歯になった奥歯の穴に隠していますから、そこから取り出さなくてはなりません」と猫の女王がつけくわえた。

ネズミの女王はしばらく考えてからいった。

「ご心配なく。きっとダイヤモンドをとってきます。どうやるかといえば、酢とコショウとタバコの液を混ぜて、尻尾をひたします。夜になったらわたしの知っている壁の穴から人食い鬼の寝室にもぐりこみ、眠っている人食い鬼の口に二、三度尻尾を入れてやります。すると人食い鬼は大きなくしゃみをしてダイヤモンドを吐き出しますから、すぐ奪ってお城の中庭で待っていらっしゃるあなたのところへそれを運んでいくのです」

計略はすばらしいものに思われた。必要な液を混ぜてつくり、ネズミの女王は尻尾をひたした。人食い鬼はいつものように牛一頭とワイン一樽平らげていびきをかいていた。ネズミの女王は人食い鬼の寝室に入ることができて、人食い鬼の口に二度尻尾を入れたとき、人食い鬼は城じゅうにひびきわたるようなくしゃみを三回して、三回目にダイヤモンドが虫歯の穴から部屋の床へと転がった。ネズミの女王はすぐにそれを奪って、城の中庭で待っている犬のところへ運んだ。犬はただちにパリへの道を急いだ。

犬が到着したとき、ビアニックは死刑台に上ったところだった。ちょうどのところで間にあった。犬がやってくるのに気づいたビアニックは、勇気をふりしぼって（もうほとんどあきらめかけていたからね）金色の王座に座る王に向かい、こういった。
「陛下、最後の願いでございます。どうかこちらへやってくるわたしの犬を抱きしめることをお許しください。最後の最後まで主人にいつも忠実であった犬なのです」

王がうなずいたので、犬が死刑台に上った。ビアニックは犬を抱きしめ、口からダイヤモンドをとりだした。そしてダイヤモンドを手にして、
「ダイヤモンドの力により、ぼくが首をはねられるところを見ようと、お祭り気分でここに集まった者たちすべてが首まで地面に埋まるように！」

ただちにそのとおりになった。将軍の刀を奪ったビアニックは、自分に害をおよぼしたすべての人間の頭を切り落とし、それ以外の人々は生かしておいた。そして魔力の石で、前のように王宮の前に自分の城を建てた。

犬はそのとき美しい王女に変わった。ビアニックは王女と結婚して、生涯の最後の日までこの美しい城で幸せに暮らした。

ATU560（新倉）

◆コラム◆　ヨーロッパの犬と狼

犬も狼もヨーロッパの昔話によく登場するが、扱われ方はかなり違う。狼で一番有名なのは、「赤頭巾」ATU333の狼であろう。フランスの口頭伝承の「赤頭巾」では、必ずしも赤い頭巾をかぶっていない女の子が森で狼と出会い、「針の道とピンの道のどっちを通る」かとたずねられる。狼が先回りして殺して料理したおばあちゃんの血や肉を、それと知らずに食べることもある。有名なペロー童話の結末と同じように女の子は狼に食べられてしまうことが多いが、自力で逃げる女の子もいる。日本の「三枚のお札」の話のように、「おばあちゃん」の正体に感づいた女の子は、用足しに外へ行きたいと言う。外へ出ると、逃げられないように足に結ばれた紐《ひも》を近くの木に結びつけて、逃げる。女の子が出会うのが狼ではなく「人狼」の話もある。人狼というより、「狼男」と言った方がわかりやすいかもしれない。ただ、「狼男」というと首だけ狼の姿をした毛むくじゃらの男というイメージになりそうだが、人狼は人が完全に狼の姿に変身したものである。行動も狼そのものとなり、家畜や人をおそったりする。吸血鬼のように人の血を吸う人狼もいる。魔女のように、人狼も悪魔と契約したと思われていた。

「狼と七匹の子ヤギ」ATU123でも狼は危険な敵として描かれる。母ヤギの留守の間に、子ヤギたちは、声音を変えたり手を白く塗ったりして母ヤギを装った狼に、最後はだまされて戸を開け、食われてしまう。フランスのオーブラック地方の話では、母ヤギが真っ赤に焼けたフライパンで狼の尻をなぐり、子ヤギたちをひりださせる。その後狼は鍋で煮殺される。

狐と狼が主人公の話では、狼はいつも狐にだまされてひどい目にあう愚か者である。フランス中世の文学作品『狐物語』では、狼イザングランが狐ルナールに尻尾で鰻が釣れるとだまされ、朝、狩人に殺されそうになり凍りついた尻尾を犠牲にして命からがら森に逃げ帰る。日本の「尻尾の釣り」に似た話である。このように、狼は森の獣、つまり野生動物の代表で、人間の敵対者として登場する。

一方、犬は家畜の代表で、人間に最も近しい存在である。昔話の「魚の王」とか「七つ頭の龍」などの「龍退治」ATU301型の話や、「ビアニックと人食い鬼」（四章9）のように、主人公を守り、導き、手足となって働く。ドイツの「マケールと三匹の犬」（五章5）では「鉄と鋼をうち破れ」などの名の三匹の犬が、主人公と一緒に龍と戦い、鼻と口から火花と炎を噴き出す龍を殺す。忠義な犬の話として有名なウェールズの「ベス・ゲラート」の犬は、狼と戦ってレエリーン公の息子を守るが主人に誤解され、殺される。「マクフィーの黒犬」（第五章10）は主人公を救うために敵と戦って命を落とす。「犬と猫と指輪」ATU560（第五章3参照）では、若者が、助けた猫と犬からなんでも願いをかなえる魔法の指輪を手に入れ、王女と結婚するが、指輪を奪われてしまう。犬と猫が探しに行き、協力して取りもどす。

また「二人の娘」ATU480という話では、お化けの出る水車小屋に悪魔がやってくる。娘は雌犬の助言どおりにして、きれいな服や靴を持ってこさせたり、ふるいで川の水をふるうようにと難題を出して、悪魔を退散させる。このように、助言を与え、主人公を導いてくれる犬もいる。ただし、黒い犬はその色ゆえに、死者の生まれ変わりとか悪魔の化身ではないかと恐れられた。

（桜井）

第五章　月をかむ犬——人を助ける犬と狼

1　黄色い小犬シャオバール

シボ（中国）

むかし、ある兄弟が暮らしていた。兄はしょっちゅう家を空けており、兄嫁はことのほかずるく、弟のシャーズ(1)はとても素直だった。両親が世を去ってから、残されたものといえば二間のわらぶきの家と八ムー(2)の荒れた土地だった。弟は毎日毎日、一言の文句もいわず、一日じゅう野良仕事に精を出していた。兄嫁は弟がたくさん食べるのをいやがり、お嫁さんをもらうためにお金を使うことをおそれ、将来財産の半分を分けなければならないことを心配していた。夫が家を留守にしているのをいいことに悪い心をおこした。

ある日、弟がちょうど草を取っているとき、彼の飼っている黄色い(3)小犬のシャオバールがやってきて、ズボンのすそを引っぱった。

「シャーズ、今日の昼ご飯は餃子だよ。小麦でできたのと、コーリャンでできたのがあるけどね、小麦でできた方には毒が入れられているから絶対食べちゃだめだよ。兄嫁はおまえさんを殺すつもりだからね」

弟はひとこと「うん」と答え、シャオバールを抱き上げると顔をぴったりとくっつけた。それからシャオバールはちょっと得意そうに顔を揺らし尻尾をふりふりもどっていった。お昼になって弟が家に帰ると、兄嫁は、小麦の餃子を入れた大きなどんぶりと、コーリャンの餃子を入れた小さな椀を運んできた。兄嫁はどんぶりを弟の目の前に置きながらいった。

「シャーズ、このところ野良仕事で疲れたろう。小麦で作った方をお食べよ」

弟は先刻承知で、何一ついわずコーリャンでできた方を取るとすぐに食べた。兄嫁は白目をむき、小麦でできた餃子を家の外に持って出ていった。

次の日、弟が草を取っていると、お昼ごろにシャオバールがまたやってきた。ズボンのすそを引っぱっていった。

「今日のお昼にまた兄嫁は餃子を作っているよ。今度はコーリャンの方に毒が入っているからね」

そういい終わるとシャオバールは弟の手をなめてから、また得意そうにもどっていった。お昼に弟が家に帰ると、兄嫁は大きなどんぶりにコーリャンの餃子を入れ、小さい椀に小麦の餃子を入れて持ってきた。兄嫁は弟にいった。

「シャーズ、どちらでも好きな方をお選び」

弟は一言もいわずに小麦でできた餃子を食べた。兄嫁はちらっと見ると顔をゆがめて怒った。

もう一緒に暮らしていけなくなって、兄嫁はいった。

「シャーズ、わたしたちは分家しようじゃないか。おまえは何がほしい？」

弟はすぐにいった。

「おれはシャオバールだけもらえばいいよ、それと二ムーの土地があれば」

兄嫁はそれを聞くとたいへん喜んだ。

財産を分けると弟はあばら屋を建てて住んだ。シャオバールに馬具をつけ、馬のかわりにして二ムーの土地を掘りおこし、耕していった。ちょうど雨が降り続き、あちこち水浸しになっていた。道路にはたくさんの絹織物を運ぶ車が泥にはまりこんで、どうしても引くことができない。弟はそれを見るとすぐにシャオバールを使って、商人が車を引くのを助けた。すると不思議なことが起きた。シャオバールが顔を揺らして尾をふると、そう力も入れていないのに、見る間に大きな車がみな泥の中から引っぱられて出てきた。商人は弟にたくさんの絹織物とお金を渡した。弟の暮らしむきがよくなったのを見て、兄嫁は歯ぎしりをして怒った。

ある日、またしても、二両の絹織物を運ぶ車が泥の中で立ち往生していた。兄嫁はそれを見るとすぐに、自分もうまい汁にあずかろうと思い、弟のところにシャオバールを借りにいった。弟はすぐに貸してやった。ところがどうしたものか、シャオバールは引っぱらず、後ろを向くと馬具をかみ切ってしまった。怒った兄嫁は木の棒を持ってきてシャオバールを打ち殺してしまった。

次の日、弟がシャオバールを引き取りに来ると、兄嫁は不機嫌な顔でいった。

「ぶち殺してやったよ。あぜに埋めてあるよ」

弟は土まんじゅうのかたわらでひとしきり泣いた。そしてその墓の回りに柳の枝をひと回り植えた。不思議なことに、見る間にその柳の枝は上にのびていき、びっしりとしげった。弟は柳の枝をさくと、かごを一つ編んで、家にもどって軒下にぶらさげた。ちょうどそのとき、空に白鳥の大群が飛んできた。弟は見上げるとどなった。

「東の白鳥こっちに来い。西の白鳥こっちに来い、わたしのかごに入っておくれ」

そういい終わると、すぐに白鳥は降りてきて卵を生んだ。弟はそれを取りだすとまたどなった。

「東のガンよこっちに来い、西のガンよこっちに来い、かごで卵を生んどくれ」

そういい終わると、パラパラと音がして、ガンはかごいっぱいに卵を生んだ。このことを兄嫁が知ると、またしてもうらやんでいった。

「シャーズ、その柳のかごをわたしにも使わしておくれよ」

気だてのいい弟はいった。

「家の軒下にかかっているよ。持っていっていいよ」

兄嫁も家の軒下にぶらさげた。遠い空を飛んでいる鳥の一群を見つけ、すぐにしわがれ声でどなった。

「東の白鳥こっちに来い、西の白鳥こっちに来い、わたしのかごに入っておくれ」

ところがピリパラとかごいっぱいに鳥の糞をまき散らしただけだ。兄嫁はまたのどをつぶしてどなった。

「東のガンよこっちに来い、西のガンよこっちに来い、わたしのかごで百個卵を生んどくれ」

ピリパラと落ちてきたのはかごいっぱいの鳥の糞だった。目玉をひんむいて怒った兄嫁はそのかごを投げつけ、何度も踏みつぶすとかまどの中に放りこんで燃やしてしまった。

ちょうどそのとき弟が来た。弟は宝物のかごが兄嫁に焼かれてしまったのを見て、胸がえぐり取られるような気がした。弟はかまどの前にうずくまり、涙をふきながら燃えがらをかき分けた。かき分けてかき分けていると、大きな金の豆が出てきた。弟は急いでポケットにかくした。兄嫁は目ざとくそれを見ると、すぐに弟を押しのけた。兄嫁も急いで何度も何度も燃えがらをかき分け、口の中でブツブツいった。
「かいてかいて、金の豆をかき分けて」兄嫁も金の豆をひと山かきだした。喜んで目を細め、手をのばして金の豆をつかむとポケットにしまった。すると、金の豆はピピパパとまるで新年を祝う爆竹のようにさく裂した。火の粉があちこち吹き出し、顔や手の上に落ちたので大やけどをして水ぶくれができた。兄嫁の顔ははれあがり、まるで焼け焦がして毛をこそげ取った大きな豚の顔のようになった。

（三倉）

(1) あほう、愚かな人という意味のある呼び名。
(2) 地積単位。一ムーは十五分の一ヘクタール。
(3) 黄色い犬と訳したが、日本語では「あかいぬ」と呼ばれている。実際には茶色に近い犬。

2 ジャッカルの仲人　インド

むかしのこと、ひとりの織物師がいた。先祖はとても金持ちだったのだが、父親が財産を使い果たし、浮かれた暮らしぶりだけを受け継いだ。織物師は宮殿のような家に生まれたけれども、今はみすぼらしい小屋に住んでいた。持っているものは何もなく、両親も親戚もみんな、死んでしまった。小屋のすぐ近くにはジャッカルのねぐらがあった。ジャッカルは、織物師の先祖の威勢をおぼえていたので、織物師をかわいそうに思った。そしてある日、織物師のところへやって来て言った。

「織物師君、君はみじめな暮らしをしているね。私には君の暮らしをよくするいい考えがあるんだ。私が君を、この国の王さまの姫君と結婚させてあげよう」

「ぼくが王さまのお婿さんになるって！　そんなこと、お日さまが西からのぼるような国でしか起こるもんか」と織物師は言った。

「君は私の力を信じないのかい？　見ててごらん、きっとそうしてみせるから」とジャッカルは言い返した。

翌朝、ジャッカルは王さまの住む都に向かった。都までは何マイルもあった。その途中、ジャッカルはベテル[1]の畑に入りこみ、たくさんの葉を取った。ジャッカルは都に着くと、宮殿に入りこもうと知恵を働かせた。宮殿には、王さまの家族の女性たちが朝に夕に沐浴《もくよく》をする池があった。その池の入り口にジャッカルは横たわった。ちょうど王女が侍女たちを連れて、沐浴にやってくるところだった。王女はジャッカルが入り口に寝そべっているのを見つけてちょっと驚いた。

王女は侍女にジャッカルをどけるように命じた。するとジャッカルは眠りから目覚めたかのように起き上がり、逃げ出すどころか、ベテルの葉の包みを開き、口に入れてかみはじめた。王女と侍女たちはそれを見てとても驚き、互いに、「なんて不思議なジャッカルでしょう。いったいどこから来たのかしら？　ジャッカルがベテルの葉をかむなんて！　この都でもそんなぜいたくができる人は多くはないのに。とても豊かな国から来たにちがいないわ」と言いあった。そこで王女はジャッカルに話しかけた。

「シヴァルー〔原注〕や、おまえはいったいなんという国から来たの？　ジャッカルがベテルの葉をかむなんて、きっとお金持ちの国でしょうね。おまえの国ではほかの動物もベテルの葉をかむのかしら？」

「おやさしい王女さま、私はミルクと蜜が流れる国からまいりました。ベテルの葉は、私の国ではお国の畑の雑草のように満ち満ちています。私の国のすべての動物は、牛も羊も犬も、ベテルの葉をかむのです。私たちはほしいものがないのです」とジャッカルは答えた。

「なんて幸せな国でしょう。そんなに豊かな、すばらしく恵まれた国を、どんな王さまが治めているのかしら！」と王女は言った。

「われらの王さまはと申しますと、世界でもっともお金持ちの王さまです。その宮殿はインドラ神の天国のようです。こちらであなたの宮殿を見ましたが、われらの王様の宮殿にくらべたら、みすぼらしい小屋のようです」とジャッカルは言った。

王女は好奇心でいっぱいになり、大急ぎで沐浴場を出て、母の王妃の住まいに行って、すばらしいジャッカルが池の入り口にいると話した。王妃も好奇心をそそられて、ジャッカルのもとへ出むいた。王妃が現れるとジャッカルは立ち上がって、ベテルの葉をむしゃむしゃ食べ始めた。王妃は言った。

「おまえはとても豊かな国から来たそうね。おまえの王さまは結婚しているのかしら」

「おそれながら陛下。わが王は結婚しておりません。世界のあらゆる地域のお姫さま方がわれらの王と結婚しようとなさいましたが、王はみなお断りになりました。わが王が求婚なさる姫君はお幸せです」

「どう、シヴァルー？　私の娘はペリ（妖精）のように美しくて、世界でもっとも輝かしい王にふさわしいとは思わないかしら？」

「私が思いますところでは王女さまはすばらしくお美しいです。まったくのところ、私がこれまで見た中でもっともお美しいです。でも、わが王さまがお気に召すかどうかは分かりかねます」とジャッカルは答えた。

「私の娘を気に入るかですって！　おまえが私の娘がどのようか、王に話してみせさえすれば、王はきっと夢中になりますとも。本当のところ、シヴァルー、私は娘を結婚させたいと思っているのです。多くの王子たちが娘に求婚しましたが、すぐれた王の息子でないので、嫁がせる気になりませんでした。でもおまえの王はすぐれた王のようです。義理の息子にしたいものです」と王妃は言った。

王妃は王のもとへ、ジャッカルを見に来るように伝言を送った。王はやって来て、ジャッカルが自分の国の王の富と華麗さを述べるのを聞くと、王女を結婚させることに反対しようとはしなかった。

ジャッカルはこの後、織物師のもとへ帰って言った。

「機織《はたおり》の殿さま、あなたは世界で一番幸運な方です。すべては整いました。あなたは偉大な王の娘婿になるのです。私はあなたがすぐれた王だと言いました。あなたはそれらしくふるまわねばなりません。私が教えるとおりにしなさい。さもなければ幸運が実現しないだけでなく、あなたも私も死ぬことになります」

「君が言うとおりにするよ」と織物師は言った。賢いジャッカルは計画の手順を心の中で描きあげると、数日後に王さまの宮殿にもどり、前と同じように、宮殿の前の池の入り口にベテルの葉をかみながら寝そべった。王と王妃はジャッカルを見ると喜んで、任務を果たしたかどうかを熱心に聞いた。ジャッカルは言った。

「お心を安らげるためにまず申し上げますと、私は務めを無事に果たしたどころではございません。私がわが主君、わが王をご息女と結婚するよう説得するに当たってどれほどの困難があったかをお二方がお知りになったら、限りない感謝を私にくださることでしょう。長い間、王さまは私の言葉を聞こうとはなさいませんでした。しかし、徐々に私は王を話に引きこみました。もうなさるべきことはおごそかな儀式を祝うべきよき日を選ぶだけです。とはいえ、一つだけ、友人としてご忠告させていただくことがございます。わが主《あるじ》は非常に偉大な王ですので、もし公式にこちらへ参りますと、すべての臣下、馬、象が付き従うこととなり、陛下はそのすべてを宮殿と都にお迎えになることはむずかしいでしょう。ですから、私はわが王は公式にではなく、私的なやり方でご訪問になさるよう申し上げましょう。そうして陛下はご自身の象、馬、乗り物を郊外に迎えに送り、わが王と少数のお供を宮殿にお迎えください」

「忠告に大いに感謝するぞ、賢いシヴァルー。おまえの主ほど立派な王の臣下たちに宿を用意することなど、私にはできないだろう。非公式に訪問してくれればたいへんありがたい。おまえが王に私的に来てくれるよう説得してくれると期待している。公式に訪ねてくると、私は破産してしまうだろう」

ジャッカルはうやうやしく言った。「そのように、できる限りつとめましょう」

それから、ジャッカルが村へ向かうと、王室付きの天文官が結婚によい日取りを決定した。

村にもどってくると、ジャッカルはりっぱな儀式の準備のために忙しく働いた。織物師はぼろをまとっているので、村の洗濯屋に行って衣装を一式借りてくるようにと言った。自分は一族の王のもとへ行き、しかじかの日に千頭のジャッカルにしかじかの場所に一緒に行ってもらうように頼んだ。また、カラスの王のもとへ行き、千羽の臣下をしかじかの日のしかじかの場所に、共に行くのを許すよう頼んだ。またスズメの王に同じ願いごとをした。

とうとうその日になった。織物師は村の洗濯屋から借りた衣装で盛装した。ジャッカルは自分の外見を整え、千頭のジャッカル、千羽のカラス、千羽のスズメと合流した。婚礼の行列は出発し、日没近く、王さまの宮殿の二マイル内に到着した。そこでジャッカルは自分の仲間たち、千頭のジャッカルに大声でほえるように言った。言われたとおりに、千羽のカラスは最大音量で鳴いた。一方千羽のスズメたちはしゃがれた甲高い声でこの伴奏にふさわしく鳴きさわいだ。そうしたらどうなるかわかるだろう。みんなはいっせいに、世界が始まって以来だれも聞いたことがないようなさわぎを引き起こした。この世のものとも思えないさわぎが続く間に、ジャッカルは宮殿に急ぎ、王さまに、結婚の宴席が用意できたかどうかをたずねた。二マイル向こうのさわぎが、ちょうど王さまの耳に届いた。王さまは言った。

「だめだ、シヴァルー、行列の音からすると、少なくとも一万人はいるにちがいない。いったいそんな大勢の客をもてなせるだろうか？　お願いだ、花婿だけがわが家へ来るよう手はずを決めてくれ」

「さようですね。最初に申し上げましたように、陛下にはわが尊い主の従者すべてをもてなすことはおできにならないでしょう。ご希望のようにしましょう。わが主は一人で、平服でまいるでしょう。そのために馬を一頭つかわしてください」とジャッカルは言った。

　ジャッカルは馬と馬番を連れて、織物師のところへもどると、千頭のジャッカルと千羽のカラスと千羽のスズメのすばらしい手助けに感謝して、もう行っていいと言った。そうして織物師を馬に乗せ、宮殿に向かってゆっくりと進んだ。宮殿で待っていた婚礼の出席者たちは、織物師が現われると、おおいに失望した。しかしジャッカルは、主人がみずぼらしい服をまとっているのは、未来の義理の父親が、花婿とその友すべてが公式にやって来たなら、もてなしかねると言ったからだ、と説明した。王家の司祭がおごそかに婚礼をとりおこない、結婚の誓いが結ばれた。花婿はほとんど口を開かなかった。ジャッカルの指示に従ったのだ。ジャッカルは織物師が話すと正体がばれると恐れていた。夜になって花婿はベッドに横になると、寝室の梁《はり》と垂木《たるき》を数えはじめた。そしてつぶやいた。

「あの梁はいい織機になるな。あっちは見事な巻き棒になるし、あの垂木はいいおさになる」

　王女、つまり花嫁は、びっくりしたなどというものではない。王女は心の中で考えた。

「私が結婚したこの方は、王さまなのかしら、織物師なのかしら？　どうも織物師じゃないのかしら。そうでなければ、どうして織機や巻き棒やおさのことを話すのかしら？」

朝になると、王女さまは母の王妃に織物師のひとりごとを話して聞かせた。王さまと王妃さまはこの話にびっくりしてジャッカルに問いただした。用意周到なジャッカルはすぐに答えた。

「陛下はわが尊い主のひとりごとに驚かれることはありません。わが王の宮殿は七百家族の最上の織物師の家に囲まれております。織物師たちのために王は土地をただで貸し与え、その暮らしむきは王が常に心を砕いているところなのです。わが王が、ふと陛下を驚かすようなひとりごとをもらされたということは、王がいつくしみ深い心になっていたからにちがいありません」

しかしながらジャッカルはもはや、自分と織物師が王女と一緒にこの場を立ち去るべきときだと感じた。さもないとぼんやりものの友人が無知をさらして、ジャッカルを危機に巻きこむにちがいなかった。ジャッカルはそこで王さまに、

「王国に重大な問題が起こりましたので、わが主君はもはやここへとどまることはできなくなりました」と述べた。そこで花婿は自分の王国に向けて、花嫁とともに出発しなければならない。主はお忍びで徒歩で行くことにしたが、王女さま――今では王

妃さまだが――だけは輿《こし》で都を離れるべきだろう、と言った。賛成反対のたくさんのやりとりのあと、王さまと王妃さまはとうとう申し出を受けいれた。一行が織物師の村の境までやってくると、輿のかつぎ手たちは返された。王女は夫の宮殿はどこか、とたずねたが、徒歩で歩かされた。ほどなく織物師の小屋に着くと、ジャッカルは王女に向かって言った。

「奥方さま、これがあなたのご夫君の宮殿でございます」

王女さまはひどい絶望にかられて額を手のひらで打った。

「なんてことでしょう。これがプラジャーパティ〔結婚をつかさどる神〕が私に定めた夫だというの？　死んだほうが千倍もましです」

しかしどうしようもなかったので、王女はほどなく運命を受けいれた。とはいえ、夫を金持ちにすると決意した。しかも王女は金持ちになる秘密を知っていた。

ある日、王女は夫に一パイサ分の小麦粉をくれるように言った。王女は小麦粉を水で練り、その練り粉を自分の体に塗りつけた。練り粉が乾くと、指で粉をぬぐいとった。すると練り粉は小さな玉になってはがれ落ちたが、それは金に変わっていた。王女はその作業を毎日何度もくりかえし、そうやってものすごい量の金を手にいれた。王女はすぐに、どんな王さまの財宝庫にあるよりもたくさんの金の持ち主になった。

その金で、王女は石工と大工と建築士たちを雇い、この一団は、たちまち世界中でもっとも美しい宮殿を作りあげた。七百家族の織物師たちが探し出され、宮殿の周りに住まわされた。

その後で王女は父親に手紙を書いて、結婚以来、たずねてもらう機会がなかったことをわび、もし自分と夫とをたずねてくだされば幸いです、と伝えた。父王は訪問を承諾し、日を決めた。王女は父王の到着に向けてさまざまな準備をした。病気や弱った動物たちのために病院がいくつも町のあちこちに建てられた。何万もの獣たちが道端でベテルの葉をかまされた。通りは父王とそのお供が歩くためにカシミールのショールでおおわれた。王国の富がとめどなく見せびらかされた。父王と王妃は公式に訪問し、義理の息子の限りない豊かさの証《あかし》に満足した。

ジャッカルはこの場に現われて、王と王妃にお辞儀をして言った。

「申し上げましたとおりでしょう?」

私のお話はこれでおしまい。

茨のナティヤは枯れたよ

…………（3）

ATU545B（難波）

原注　ジャッカルを呼ぶのに使われる名前。ヨーロッパにおける（狐の）レナードに似ていなくもない。

（1）コショウ科コショウ属の植物で、和名を「キンマ」。その葉をビンロウの実を砕いたものと石灰と一緒に噛む嗜好品を「バーン」と呼び、インドから東南アジア一帯に広がっている。

（2）貨幣の単位。かなり小額である。

（3）ベンガル地方の昔話の結末の決まり文句。対話歌の形式をとる。本文では省略されているが、他の話では以下のように続いている。「ナティヤが枯れたのはなぜか。牝牛が食べたから。牝牛がナティヤを食べたのはなぜか。牛飼いが世話をしないから。牛飼いが牝牛の世話をしないのはなぜか。あなたの嫁が食事をくれないから。嫁が牛飼いに食事を与えないのはなぜ。子どもが泣くから。子どもはなぜ泣くの。蟻がかんだから」

3　犬と猫の恩返し　韓国

　ずっーとまえ、むかしのこと。ある男が山で木を切っていたら、虎の子が走ってきたんだって。男は、とっさに木の中に虎の子を隠してやった。しばらくすると、猟師がきて、虎の子を見なかったかと聞いたんで、見なかったというとそのまま行ってしまったって。男は木をかついで、虎の子も連れ帰って育てることにしたの。

　虎の子は大きな虎に育って、男を食べるといったんだって。

「おまえが猟師につかまって死ぬところを助けて育ててやったのに、食べるとはなにごとか」といったけど、どうしても食べるというので「おまえが私を食べたら、女房子どもたちはどうやって暮らすんだ。それでも食べるというのか」というと、虎は四つの角のある玉を出してきていった。

「これがあればおまえの女房子どもたちはお腹いっぱい食べられるし、着物にも不自由しないで暮らせるから心配しないでいい」

「これは何だ。どうしてこれをもっていると暮らしていけるんだ」

「この角を見てご飯よ出ろ！　というとご飯が出るし、着物よ出ろ！　というと着物が出る。この角は、お金よ出ろ！　というとお金が出る角だ」

といったが、もう一つの角については何もいわなかったんだって。

「この角は何の角だ」

「それは知らなくてもいい」

「だめだ。この角を教えてくれないなら、おれを食べられない。教えてくれれば食べてもいい」

虎は教えてくれたんだって。

「この角をあてて、世の中で一番憎いものに死ねというと死ぬ角だ」

そこで男は、その角を虎にあてて「おまえは憎いやつだ。死ね」というと虎は死んでしまった。

男は、その玉でお金を出し、ご飯を出し、着物も出して金持ちになって暮らしていたんだけど、隣の家の人は男が仕事もしないでいい暮らしをしているので、のぞいてみると、何やら玉を持って「ご飯よ出ろ！　着物よ出ろ！　お金よ出ろ！」というと何でも出てくるので、あの玉を盗もうと思った。

ある日、その家に誰もいないすきをねらって玉を盗みだして、川を越えた遠いところへ行って暮らしはじめたんだそうだ。

男の家では、玉がなくなって貧乏になった。男の家には猫と犬が長いこと飼われていたんだけど、犬と猫はご主人の玉がなくなって貧乏になり、暮らしに困っているのを心配して、「この家のご主人は私たちを長いこと飼ってかわいがってくれたから、その恩返しに玉を盗んだ人の家に行って玉を取りもどしてご主人の暮らしがよくなるようにしよう」と相談して、盗んだ人の家へ行ってみると、自分が使う引き出しつきの木枕の中に玉をしまっていたんだって。

いくらなんでも、枕の中では玉を取りもどせないでしょ。そこで猫が知恵を出して、その家の物置にネズミというネズミを全部集めておどしたの。

「おまえたち、この家の主人の枕の中の玉を差し出さなければおまえたちをそっくり食い殺すぞ」

ネズミたちは「その玉を差し出しますからどうぞ食べないでください」といって、寝室へ入っていったんだけど、そんなに簡単にはいかなかった。そこで、ネズミの親分は、ネズミたちにいった。

「つづらだろうが、柱だろうが、米びつだろうが、書物、ふとん、なんでも手あたりしだいかじれ」

そこで、ネズミたちは四方に散らばってかじりはじめたので、主人はネズミを追い払おうとして木枕をひゅーっと投げた。

木枕は庭に落ちて、そのはずみで転がりだした玉を、猫がすばやくくわえて、家に帰ろうと川べりまできたんだって。犬も猫を追いかけて川べりまできて、「ぼくがその玉をくわえていく」というので、猫は「わたしが持っていく」といってゆずらなかった。すると犬は「自分がおぶってやらなきゃ川をわたれないんだぞ」といった。猫は泳ぐことができないからね。そこで仕方なく玉を犬にわたし、犬の背中に乗って川をわたったんだって。川の真ん中あたりにきたとき、大きな糞《くそ》のかたまりが流れてきて、犬はがぶりとかみついたので、口にくわえていた玉が川の水の中におっこちた。

猫と犬は、苦労して取りもどしてきた玉を川の中に落としてしまったものだから、呆然として川の堤防の上に座りこんでいたんだけど、ちょっとそっちを見ると、老人が釣りをしていて、大きな鯉をびくに入れていたんだって。猫は、せめて鯉でも盗んでご主人にあげようと思って、老人がちょっと目をはなしたすきに鯉をくわえてかけだし、ご主人のところへ持っていったって。

ご主人がその鯉を料理しようとしてお腹をさいたら玉が出てきて、その家はもとのように幸せに暮らしたんだって。

ATU560（辻井）

＊「魔法の指輪」として世界中に分布する話で、韓国では、たいてい釣った鯉が龍王の息子で、龍宮に招かれた男がお礼に玉をもらう。一方、四つの角のある玉は、蛇からもらう話が多い。恩知らずな虎の話と結合した珍しい話なので紹介した。「猫が玉を持ち帰ったため、犬が戸外で暮らし、猫は屋内で暮らすようになった」という由来話になっている。

4　ポスコンヌィ尻尾狼　ロシア

昔々皇帝がいて、三人の息子がいた。フョードルとワシーリー、イワンだ。さて皇帝が目が見えなくなってしまった。すると生き水と若返りの実を手に入れれば見えるようになります、との知らせがきた。皇帝が貴族会議議員や顧問たち、元老院議員、貴族たちを集め、誰がとりにいくかと相談をはじめると、三人の息子がいった。

「父上、祝福してください、私らが手に入れてきましょう」

皇帝は祝福を与え、息子たちは馬に鞍をおくと出ていった。三人が三つ又のわかれ道にくると、そこには柱がたっていて、柱にはこう書いてあった。

「右へ行けば自分は腹いっぱいだが馬が飢える。左へ行けば馬は腹いっぱいだが自分が飢える。まっすぐ行く者は、ポスコンヌィ尻尾の狼に食われる」

兄たちは真ん中の道へは行かず、弟に行かせたもので、イワンはこの道を進んでいった。

話というのは速くいく、時は驚くほどにすぎていく。イワンは小屋にたどりついたが、小屋は鶏の片足の上で、くるりくるりと回っている。イワンは小屋の片隅をけりつけた。

「止まれ、小屋よ、母が建てた時のように。森に背をむけ、私に前をむけて」

中に入ると、金の椅子にヤガー・ヤゴニシナが座っていた。

「ウーウー、イワン皇子よ、どこからきて、どこへ馬を走らせてるんだい？」

「ヤガーよ、まず先に飲み物、食べ物をだして、知らせはそれから聞くものだ」

そうしてイワンはたっぷり食べてから生き水と若返りの実をとりにいくのだ、と話した。

「そりゃ手に入れるのはむずかしいね。乙女の女王のテーブルにおいてあるが、国のまわりに、細紐がめぐらしてあって、ひっかかりゃ国中なりひびく。それに守ってるのがいるからな。ポスコンヌィ尻尾の狼がいて、もう幾人も食い殺してるからね。まぁ、座ってな。いまにポスコンヌィ尻尾の狼がここへくる。あれの体の半分は人間であと半分が狼なのさ」

いったとたん、狼が入ってきた。

「ウーウー、イワン皇子、どこからきて、どこへ馬を走らせる？」

「生き水と若返りの実をとりに。父が目が見えなくなったから」

「そいつはむずかしいぞ。おれが通さん。だがな、ここで三日三晩カルタをしよう。もしおまえがやりとげられたらとりにいけ。負けたら、おまえを食う」

狼とイワンは腰を落ち着け、一晩勝負し、狼がうとうとしはじめ、イワンもうとうとしてきた。そこで狼がいうには、

「もし謎をといたら手は出すまい。だがとけなかったら、食うぞ。雪で倒れる草は緑のが多いか、それとも枯れてる方か?」

「緑の方が多く倒れる」

「待ってろ、ひとっ走りして見てくる」

狼は走り出て、そのまにイワンは寝こんだ。さて、狼がかけもどってきた。

「確かだ。緑の方がずっと多く倒れていた」(実は狼はただ走りまわっていただけだ、眠らないようにね)

ということでまたもや一昼夜勝負だ。勝負を続け、狼は眠気がさしてきた。

「イワン皇子、といてみろ、森には立っている木と倒れている木とどっちが多いか?」

「倒れている方が多い」

「待っていろ、ひとっ走りしてくる」

狼が飛び出し、イワンの方はまた横になり、狼が走りまわっている間にうたたねを

した。

「確かだ。あっていた」

三日目もすぎ、狼がいった。

「イワン、死んだ人間が多いか、生きている方が多いか」

「死人だ」

狼は飛び出し、イワンは眠りこんだ。さて狼がかけもどってくる。

「よし、イワン皇子、三日三晩おれとの勝負ができた。これなら生き水と若返りの実をとりにいけるだろう。日がのぼったら行くとしよう。おれに乗ってつかまれ。乙女の女王の玄関の昇り口までいったら、おまえが入って生き水と若返りの実を取ってこい。ただしそれ以外のものにはさわるな」

イワンが入っていくと、乙女の女王がハンモックによこたわっていた。手足をゆったりのばして眠っている。生き水と若返りの実はテーブルの上だ。イワンは女王にキスしてしまい、女王はめざめ、イワンを見つめ、そしてイワンは女王のもとにとどまってしまった。それから生き水と若返りの実を持ってでてきて、ポスコンヌィ尻尾の狼に乗った。ところが狼は、

「おお、おまえはなんだってけがすようなことをしたんだ、あれほどいったのに。も

う鉄条網を飛びこせない、重くなってしまった」

飛びこえようとしたが、上がりきれず、細紐の一つにふれてしまった。国中にものすごい音がひびきわたった。

「つかまえろ、おさえろ、つかまえろ、おさえろ！」

だが誰をだ？　ポスコンヌィ尻尾の狼はもうイワンをその場から運び去っていて、ヤガー・ヤゴニシナのもとまで連れていった。そこでお茶を飲むと別れを告げた。イワンは馬で故郷に向かった。

さて、柱のたっているところまでやってきたが、兄たちはいない。そこで小さなテントをはり、横になっている（三日三晩寝てなかったからね）ところへ兄たちがやってきた。

「イワンが生きているぞ。ポスコンヌィ尻尾の狼に食われなかったんだ。生き水も若返りの実もある。ウー、こいつがもどって、父にこれをもっていくのに、われわれは空手だぞ。こいつを殺してわけっこしよう。一人が生き水、一人が若返りの実、二人して栄誉をもってかえろう」

そのようにしてしまった。二人でわけあって、父親のもとにもどってきた。そして、「イワンはポスコンヌィ尻尾の狼に食われてしまいました。私たちが生き水と若返りの実を手に入れてきました」

父は生き水で目をしめらせ、見えるようになったので、息子たちに嫁取りをおこなった。

一方イワンは切り殺され、ころがっていた。そこへカラスが飛んできてカァカァ、ついばもうとした。

ところでポスコンヌィ尻尾の狼は森をかけめぐっていたが、

「おや、あそこでカラスがカァカァやってるな。なにをつついているんだ?」

走ってきたところがイワンが切りさかれ、ころがっている。誰にやられたのか、狼はわかった。そこでつっ走り、生き水、死に水を運んできた。イワンに死に水をかけると、体がなおっていく。体中の傷がくっついていく。生き水をかけると、イワンは起きあがり、十字をきった。

「あーあ、なんて長いこと眠ったんだ」

「そうさ、友よ。おれがいなけりゃ永遠に眠り続けたのさ」

イワンは礼をいい、馬で故郷にもどった。もどってみると、父はもう目が見えるようになっている。イワンは何もいわなかった。馬を放すと居酒屋へ行き、切れ間なく飲み続けた。手当たりしだい飲みまくった。父は何もいわないし、兄たちもおびえきって、何もいわないのだ。

ところで乙女の女王はイワンがとどまったときに身ごもり、二人の息子を、二人の鷹のような息子を生んだ。息子たちは一年ごとにではなく、一時間ごとに育っていった、発酵した小麦の練粉がふくらんですっぱくなるみたいにね。そこで女王はポスコンヌィ尻尾の狼に問いただした。

「誰をつれてきたのか、いいなさい」

狼は誰がどこからきたのか、つげた。女王は二人の子を連れ、船でイワンをさがしてやってきた。かの国につくと、船から岸へ高級な絨毯《じゅうたん》をしきつめ、皇帝へ手紙をもたせた。

「罪びとをよこしてください」

父は驚き、二人の息子にいった。

「おまえたちのうち、罪ある方が行きなさい」

長男が着飾って出かけていくと、女王の二人の息子がいった。

「お母さん、お父さんじゃないのがくるよ、ほら見て、絨毯をよけて歩いている」

「棒でもって思うさまたたいてやりなさい、なぜ罪びとではない者がくるのです？罪びとをよこしなさい」

長男はさんざんにたたかれ、やっとのことでもどってきた。

「なんで罪びとじゃないのがきたって銅の棒でなぐられて、罪びとをよこせっていわれた」

二番目にフョードルが着飾って出かけていった。でも子どもらは、

「お父さんがくるのかなぁ、でもまた絨毯をよけて歩いている」

と、また銅の棒でたたき、ありったけの力でなぐりつけた。

「罪びとでもないのになんでくるんだ。罪びとをよこせ」

三人はそこでこれはイワンだ、イワンをさがそうということで酒場へ出かけていった。イワンは酔っぱらっている。

「乙女の女王がやってきた、罪びとをよこせといっている、行け」

そういっても、「待ちなよ、まだ飲むんだ」。三人は飲ませまいとしたが、イワンは飲む、酔っぱらうように。三人してイワンをひっぱっていった。

「イワン、体を洗って着替えろ」

でもイワンはぬかるみに倒れて、わざとごろごろころげて、体中泥だらけで出かけていった。すると子どもらが、

「お母さん、見て、酔っぱらいがこっちへくるよ、絨毯の上をはってくる」（ポスコ

ンヌィ尻尾の狼はどういうことになるか話してあったから、女王は知っているんだよ）女王は窓から見て、

「酔っぱらいなものですか、手をとってこちらへ連れていらっしゃい」

そこで子どもたちはイワンを船にみちびいてきた。女王はすぐに水をもってこさせ、洗いはじめた。すっかり洗い上げると、皇帝の服をきせ、イワンの手と子の手をとり、皇帝のもとにむかった。

「陛下、この二人が水を手に入れたのではありません。イワンです。二人はイワンを切り殺したのです。私はポスコンヌィ尻尾の狼によりイワンがよみがえったのを知ったのです」

「すぐに二人を銃殺にしよう、この国をおさめ、思いのままに暮らしてもらいたい」

「私には自分の国があります」

女王は断り、イワンもいった。

「父上、兄さんたちを罰することはないよ。二人は実の弟を殺すのに手を上げた、でも私にはそういう手は持っていません。二人が生きてきたように生かしておいてください。それからもしお望みなら私とご一緒に」

皇帝はイワン皇子と離れるのを望まず、「このような悪しき者どもとは暮らせな

い」として国を捨てた。そしてイワンは女王の国へ行き、国をおさめ、ポスコンヌィ尻尾の狼にこういった。

「森をはねまわるのはもう十分だろう、庭園へ行け、わが子らとともに遊べ」

ATU550, 551（渡辺節子）

5　マケールと三匹の犬（抄訳）　ドイツ

むかしあるところに、三人の息子をもったお百姓がいた。上のふたりは父親を助けて、熱心に働いた。ところが三男坊のマケールときたら、この世にまったく悩みはないみたいにのらくら暮らしていた。そして、朝から晩まで、三匹の犬を連れて森や林を歩きまわっていた。

ところがこの犬たちときたらすばらしく特別なやつらだった。「鉄と鋼をうち破れ」はどんなドアでもぶち壊すことができた。たとえどんなに厳重に閉まっていてもだ。「風のように速く」は嵐と速さを競うほどだった。「何かかぎつけたか」は、二マイル先にいるウサギのにおいをかぎつけた。

ある日、母親が肉入りだんごを作った。そのときちょうど台所にマケールがぶらぶら入ってきたので、こういった。

「お使いをしてくれると助かるんだけれどね。おまえもいいかげん、働かなくちゃあ」

「どこへ行けっていうんだよ、かあちゃん」と、息子はいった。

「おまえの兄ちゃんたちが、羊たちと牧場にいるだろう？　昼ご飯にこのだんごの入った籠を持っていっておくれ」

　マケールは籠を小脇にかかえてから、犬たちを口笛で呼んで出かけていった。しばらく行くと川の上にかかっている橋のところへやってきた。その橋が穴だらけなのに気づくと、マケールは心配でたまらなくなった。

「かわいそうなのは羊たちだよな。こんなところを通ったら足を折らないほうがふしぎだ」

　それで、後先のことも考えず、次から次へと籠の中からだんごを取りだして、それで穴をふさいだ。橋を修理しおわったときには、肉入りだんごはすっかりなくなっていた。でもマケールはとってもよいことをやった気分で、うきうきして歩きはじめた。

　マケールを目にした兄弟たちは、まだ遠くの方にいるのに叫んだ。

「うれしいね。おまえが食べるものを持ってくるなんて。もう腹がすきすぎて、死にそうだよ」

「それならよかったよ。かあちゃんがおいしい肉入りだんごを作ってくれたんだ」

　ところが兄たちが籠を開けて、空なのを見たときのがっかりしたことときたら。

「いったい肉入りだんごはどこにあるんだよ」兄たちはいらいらして聞いた。

そこでマケールは、肉入りだんごを使ってどんなふうに橋の穴をふさいだかを話してから、大満足でつけくわえたもんだ。これでもう、羊たちが足を折るなんてこともなくなるだろうって。

ところが兄たちはマケールをののしりはじめ、その怒りはおさまるところをしらなかった。

マケールはすっかりしょげて、三匹の犬とすごすごその場を離れた。でも、恥ずかしくて家にはもどれないので、運だめしに世の中へ出ていくことに決めた。

その日のうちに深い深い森に入った。そして、夕方になってやっと、ぽつんと立っている宿屋にたどりついた。マケールはドアをたたくと、中に入った。家の中には女主人と女中ひとりのほかはだれもいなかった。

「今晩泊めてもらえるかい？」とマケールはたずねた。

「いいよ。あんたが犬たちを外の小屋に閉じこめておくのを承知するならね」と、女主人はいった。

マケールが同意したので、おかみさんは犬たちを小屋に連れていった。犬が入ったあとで、戸に重い鉄のかんぬきがかけられた。

マケールが二階に案内されてからほどなくして、外で家の扉がノックされた。マケールが床板の隙間からのぞいて見ると、十二人のがらの悪そうな男たちが客室に入ってきた。そのあと女主人が手で上を指さしたかとおもうと一味全員が動きだして、階段をそろそろと上がってきた。

それを見て、マケールは自分の命がねらわれていると知った。マケールは袋の中からすばやく笛を取って、思いっきり鋭い音を出した。その瞬間、「鉄と鋼をうち破れ」が小屋の戸に向かってとびかかり、あっという間に押しあけた。見るまに三匹の犬は猛スピードで家の中に突進し、階段をかけあがった。泥棒たちは床にひき倒された。そして犬たちはつぎつぎと泥棒たちの喉を噛み切ったかと思うとマケールの部屋の戸を打ち破った。

翌朝、マケールは泥棒の武器の中からすばらしい刀を選んで旅に出た。しばらく歩きつづけて、ある夕方、大きな町についた。塔からは黒い旗がはためいていて、通りを歩く人たちは喪服を着ていた。マケールは夜のために宿をさがすと、その主人にたずねた。

「いったいなんでここの人たちはあんなに悲しそうなんだい」

「それを知らないなんて、あんたはよっぽど遠くから来たにちがいない。この国は恐ろしい竜に苦しめられているんだ。毎年、竜は美しい処女を生けにえとして要求するのさ。ところが、今年は王さまのたったひとりの娘が当たってしまった。王さまは竜を退治した者に娘と王国の半分を約束しているんだけれど、こんなほうびがでているのに、命をかけようとする者はだれもいないんだ」と主人はこたえた。

—お姫さまはいったいどこへ連れていかれるんだい」とマケールは聞いた。

「町からそう遠くないところに丘があってね、そこにカシの老木が立っているんだ。そこへあす大臣が王女を連れていくことになっている」

くわしい事情がわかると、マケールはひそかに思った。

「もし竜を退治できる者がいるとしたら、それはおれしかいない！」

つぎの日、夜が明けると、三匹の犬とともにこっそりと出発した。丘とカシの木はすぐに見つかった。そして木の下にはお姫さまが恐ろしさと不安のあまり気を失って倒れていた。マケールは少しはなれた藪《やぶ》に犬たちをつなぐと、お姫さまのとなりにすわった。そして泥棒からうばった刀を膝の上に置いて、竜があらわれるのを待った。

やがて、遠くの方から、うなり声や鼻息が聞こえてきた。それはだんだん大きく、だんだん恐ろしくなった。そして今やマケールは竜が体をくねらせながらゆっくりとこちらへやってくるのを見た。目は燃えるようで、それに、鼻と口からは火花と炎が吹きでていた。竜は若い男がいるのを見ると怒り狂って、まるで天がまっぷたつに裂けるかと思うようなうなり声をあげた。

しかし、マケールは大胆に怪物の前に立ちふさがり、持っていた刀を打ちおろした。ところがこの鋼の武器は怪獣の硬いうろこの上を滑ってそれてしまうのだった。かわって竜が前足の一撃で若者を地面に倒し、その尾でぎっちりと巻きつけた。ほとんどもう絶望的だと思われた最後の瞬間、マケールはなんとか笛を取りだし、犬たちに合図を送ることができた。犬たちはあっというまにマケールのそばにかけつけた。「風のように速く」と「何かかぎつけたか」は背後から竜にとびかかり、「鉄と鋼をうち破れ」は竜の首にとびついて、喉に嚙みついた。それで竜は地面に倒れて死んでしまった。

マケールは竜の口を開けて舌を切り取って、それをしまった。それから、あまりに疲れていたので、灌木《かんぼく》の生えているところへ行って、その下に寝ころんで休息をとった。

ところが、二、三時間して目が覚めてから、戦いがあった場所へ行ってみてどんなに驚いたことか。お姫さまが消えてしまっているばかりか、竜の頭がなくなっていたのだ。

　それにはこういうわけがあった。大臣が若者と竜との戦いの始めから終わりまでを遠くから見ていた。そしてこの若者が疲れきってぐったりしていたときに、すばやく近寄って、竜の頭を切りおとしたのだ。それから大臣はこういってお姫さまを起こした。

「さあさあ、起きて、私と一緒に城にもどりましょう。私が怪獣の手からあなたを救ったのです。だから、あなたはもう私の花嫁ということですよ」

　王さまは大喜びで二人を受け入れて、すぐに結婚式が準備された。

　さて、マケールがあらためて町に入ると、あちこちであざやかな旗が風にはためいていて、通りにはわいわいとうれしげに群衆がくりだしていた。

　マケールは宿屋の主人にたずねた。

「どうしてみんなあんなにうれしそうなんだい？　今朝はあんなに悲しそうだったのに」

「なんだって！　教えてやろうじゃないか。それを知らないのはあんただけだよ。大臣がこの国を恐ろしい竜から解放して、お姫さまを救ってくれたんだ。今日のうちに結婚式さ」と、主人はいった。

　ほんとうの英雄であるマケールは主人の話をだまって聞いていた。それから自分の部屋にもどり、犬たちにいった。

「竜を殺して、王女さまとこの国を救ったのはみんなおれたちがやったことだ。それなら結婚式のごちそうを少し分けていただくのは当然だよな。『鉄と鋼をうち破れ』よ、立て！　城へ行って、スープの入ったお皿をかっさらってこい！」

犬は後ろ足をくるっと回すと、できるかぎりの速さで走りさった。

ちょうど王さまはお客と一緒にテーブルについているところだった。そのとき扉がいきおいよく開いたかと思うと一匹の犬が突進してきて、食卓からスープがなみなみ入ったお皿をパクリとくわえて姿を消した。王さまはあっけにとられて宙を見あげた。とそのとき、また扉が開いた。今度あらわれたのは「風のように速く」だ。犬は王さまの鼻先から肉の入ったお皿をパクリとくわえると、入ってきたときと同じく稲妻のように走りさった。

王さまはとつぜん激しい怒りにおそわれた。ただちに町中に兵隊を配置して犬を探しだし、飼い主を捕まえろと命令した。

兵隊が通りに配置されたちょうどそのとき、「何をかぎつけたか」が城に飛びこんできて食卓から三つ目のお皿をパクリとくわえると、走りさった。しかし、目を光らせていた兵隊が、宿屋の部屋で三匹の犬を連れた若者を発見した。そして、ただちに若者を捕まえて牢屋にぶちこんだ。王さまは、この恥知らずなやつを即座に絞首台に連れていって、縛り首にするように命令した。

少しもさからわずに、マケールはひきたてられて行くにまかせた。たくさんの群衆が後をついてきた。絞首台につくと、取り乱したようすもなく首にロープを巻かせ、平然とはしごをのぼっていった。

ところが、いちばん上の段に立ったとき、さっと笛を取りだすと、思いっきり強く吹いた。その瞬間、三匹の犬があらわれて死刑執行人と兵隊を地面にたたきつけ、あっけにとられている民衆を激しくうしろに追いたてたので、みんなだんごになってひっくり返った。

マケールはこの場に王さまを呼んでくるようにと大声で叫んだ。竜を殺して、お姫さまを救ったのはほんとうはだれだったのかをいうつもりだった。

王さまが家来と一緒にやってくると、マケールはいった。

「王さま、娘婿になるという栄誉はだれに与えられるのでしょうか。じっさいに竜を殺した者でしょうか、それとも嘘つきにでしょうか」

王さまは驚いて、それはどういう意味なのかとたずねた。若者は、まずは大臣に竜の頭を持ってこさせてください、そのあとで話をしますといった。大臣は胸騒ぎがしたが、王さまの命令とあっては若者の要求に従わないわけにいかなかった。

若者は大臣に竜の舌を見せるようにいった。なんとだれもかれもが驚いたことに、竜には舌がなかったのだ。そのときマケールは自分の袋から舌を取りだして、王さまとそこにいる人たちに説明した。

「私が三匹の犬の助けで竜を殺しました。でも疲れて眠っているすきをねらって、大臣が手柄を横どりしてお姫さまをさらっていったのです」

それを聞いた王さまは、嘘つきのほうを縛り首にするように命令した。マケールといえば大歓声のなかをお城まで連れていかれ、お姫さまと結婚した。

三匹の犬も結婚式の宴会でマケールのとなりにすわり、すばらしいごちそうにあずかったということだ。

ATU300（星野）

6　忠実な犬（要約）　　ネパール

むかし、ある王さまが自分の王妃の愛をためそうと思った。王は狩りにでかけ、自分そっくりの首を作らせ、殺した鹿の血をぬらせた。そして、自分の衣服をそえて、王妃のもとに届けさせ、王は虎に襲われたと告げさせた。

王妃は王が死んだと知るや、悲しみの余り気を失ってその場に倒れて、死んでしまった。自分の愚かさのために、幸せな結婚生活が失われたと知り、王は自らの非を悔いて、普通は夫が死んだ時に妻がおこなう殉死《サティ》をしようと決めた。

王が王妃の火葬の薪の山に飛びこもうとしていると、シヴァ神と妃のパールヴァティーが通りかかった。王の悲運に心を痛めたパールヴァティーは、王と王妃の命を救ってくれるようにと熱心に夫に頼んだ。シヴァ神も悲しい物語と、妻のたっての頼みに心を動かされて、王が自分の寿命の半分を死んだ王妃に与えると約束すれば、王妃を生き返らせてやるといった。「ただし、王はすぐに老人にならねばならぬが、王妃の方は魅力あふれる若さを取りもどすことになる。それでもよいかな？」とシヴァ神はつけくわえた。王が同意したので、「では、そうしてあげよう」といって、シヴァ神はその場を立ち去った。

王と王妃は思いがけないなりゆきに喜んで家路についた。いまや十六歳の若い乙女となった王妃はいそいそと先に立ったが、突然七十歳の老人になってしまった王は、王妃になかなか追いつけず、疲れて木の下で休み、やがて眠りに落ちてしまった。王妃は王をあおぎ、ずっと二人につき従ってきた忠実な犬は、そば近くで見守った。

たまたま用事で通りかかった若い商人は、若く美しい王妃をたちまち見初めた。王妃もこの若い美男子にほれこんでしまった。二人ともまさに一目ぼれで、王妃はこの商人と駆け落ちしてしまった。二人の若い恋人たちが近くにある商人の家に向かっていくと、王の忠実な犬は気づかれぬように二人の後をつけ、二人の行き先を見定めて、眠っている王のところへもどった。

まもなく王は目を覚まし、だれもいないところに、一人取り残されているのに気づいた。忠実な犬は、またまた愛する王妃がいなくなってしまったと嘆きわめいている王の注意をひき、王を商人の家に連れていこうとした。王もやっと犬が真相を知っているらしいと気づき、その後についていき、不実な王妃が商人の家にいるのをつきとめた。王は復讐を誓って、商人に身をやつして近くに住みはじめた。

しかし、王妃も王の動きをかぎつけ、なんとかしなければ、新たに見つけた幸せを壊されてしまうと思い、商人をたきつけた。王も商人と近づきになろうとしていたので、まもなく商人と王は一見親しい仲になった。

ある夜、商人と王が散歩をしている時、商人はあらかじめしかけておいた落とし穴の縁に王を巧みに誘って突き落とし、穴を土で埋めた。しかし、忠実な犬はこの時も王を助けに現れた。商人が家に帰って、この話を王妃にしている間に、犬は長い間かけて脚で土を掘って取りのぞき、あやうく死にかけていた王を救いだした。

王は時を移さず商人の家に押しかけて商人に戦いをいどみ、王妃の目の前で商人を二つに切り裂いた。しかし、不実な王妃はこれから自分の身に降りかかろうとしていることを見抜き、王にかけより、「王さま、どうかお許しくださいませ」と、目に涙を浮かべて懇願した。

「わたしのせいではございません。王さまがお眠りになっている間に、あの悪人がわたしを無理矢理誘惑したのでございます。あいつを死に追いやったことで、王さまはまさにその悪事に当然の報いをお与えになったのでございます」と、両手を合わせて命ごいをした。

愚かな王は王妃を深く愛していたので、王妃の訴えと甘い言葉に丸めこまれて、寛大にも王妃を許したばかりか、王妃を連れて家路へと向かった。

一方王妃は、王の忠実な犬に復讐をしてやろうと心に誓った。「あいつさえいなかったら、わたしと愛人との幸せな暮らしはあんなに短く終わることもなかったんだわ。あいつを八つ裂きにしてやるわ」

ある夜、王が帰宅したのを見はからって、王妃は今にも死にそうなふりをした。

「王さま、心臓が苦しゅうございます」とベッドの上でのたうちまわりながら、王妃は王にいった。「なんとかしてくださらなければ、すぐにも死んでしまいます」

「どうしたらよいか教えてくれ。おまえの命を救うためなら、なんでもしよう」と、王妃にぞっこんほれこんでいる王は驚いていった。すると、作り話のうまい王妃は、以前にこうした心臓発作に襲われた時に、白い犬の心臓を自分の胸にこすりつけて治ったといった。

王がそういう犬を探しに家来を行かせようとすると、王妃は叫んだ。「わたしは今にも死にそうで、そんなことをしていてはとても間にあいません。王さま、どうして遠くになんかいらっしゃるのですか？　すぐここに犬が、しかも白い犬がいるのに！それとも、王さまには、犬の命の方がわたしの命より大切だとでもおっしゃるのですか？」お人好しの王が自分のたくみな演技にひっかかると承知の上だった。

愛に目がくらみ、理性を失い、自分の犬が何回も自分を救ってくれたことも忘れて、王はたちどころに剣を抜き、忠実な愛犬を殺して、その心臓を王妃の胸にこすりつけた。　（前田）

7　月をかむ犬　プミ（中国）

昔ある狩人がいた。一匹の犬を飼い、猟のために深い山の小屋に住んでいた。毎日毎晩その犬が明け方までワンワンワンと吠えたので、狩人は眠れなかった。そのため猟もうまくいかず、食べ物にもありつけなくなった。ある日狩人は犬を遠くまで連れていき、三升の米と取りかえ、家に帰って食べようとした。

その夕暮れ、小屋のうしろの丘に得体のしれない大きなかごがあらわれ、夜のとばりが降りていくごとに、一歩ずつ小屋に近づいていった。日が暮れようとするとき、かごはものすごい勢いでころがっていった。それに気づいた狩人は犬と交換したご飯を食べる間もなく大急ぎで戸をおさえた。かごは戸の前で止まり、てっぺんから妖怪が立ち上がった。野牛より大きな体で口には豚のような歯をもち、何度も何度も肩を戸にぶつけ、とうとう戸を開けてしまった。

狩人はその妖怪と話す勇気がなかった。妖怪が一番おそれているのは犬だと知っていたが、犬はすでに米と取りかえてしまい、鍋の中だ。狩人はまた妖怪が火をおそれていることも知っていた。しかしその日使う分しか柴を刈ってなかったので、炉端には燃えかすがいくつか残っているだけだった。

妖怪は戸を開けるとすぐに寝床の上に横たわり、夜がふけるのを待った。炉端で向かいあった狩人は何とか火をたやさないように必死だった。夜中になり、妖怪がまさに立ちあがろうとしたとき、大急ぎで消し炭を吹いた。それが赤くなると妖怪はすぐにまた横たわった。炎が光ったので狩人はもうひと吹きした。寝床から起きようとした妖怪はまた縮こまった。最後の炭が燃えつきて灰になると、もう完全に火は消え、狩人は運を天にまかせるしかなかった。妖怪は狩人を捕まえようとうれしそうに起きあがった。と、突然何か恐怖を感じ、耳をそばだてた。

遠くでかすかにワンワンワンという犬の声が聞こえた。その声はときには高く、まるで山頂にいるように聞こえ、またときには低く、まるでくぼ地にいるように聞こえた。狩人は気がついた。そうだ、これは自分がすてた犬の声だ。犬はまさにこの狩小屋をめざして走ってきている。

犬がくぼ地にいるように低いかすかな鳴き声になると、妖怪は前に出て狩人をつかまえようとし、犬が山を登っているように高い鳴き声になると妖怪はこわがって止まった。こうしてしばらくにらみあっていた。すると獲物を見つけても声を出さないよう訓練された犬が、突然入ってきて妖怪にとびかかった。妖怪がどんなに大きくても猟犬はおそろしい。ただただ犬にのどをかみ切られるしかなかった。

狩人は深く反省し、猟犬を必ず天国に送ってやろうと誓った。このときからもう猟はせず、小屋をたたんで家にもどると結婚した。

数年後、その誓いを実行するために狩人は麻の茎をつなぎあわせて大きなはしごを作り、その脚を戸の前に、はしごのてっぺんを天のご門にかけた。出かける前、狩人は妻にいいつけた。

「毎日はしごの下に、必ずひょうたん一杯分のきれいな水をかけてくれ。絶対きたない水をかけてはいけないよ」

犬を前にして狩人が後ろから麻の茎をよじ登り、あとひとまたぎで天のご門にはいるとき、思いもかけないことが起きた。狩人の妻ははしごの脚に、ブタのえさにする汚れた水をかけてしまい、アリがはしごの脚をかじり切ってしまったのだ。はしごは落ち、犬は急いで身をはね上げ月の宮殿へ飛びこんだが、狩人は落ちて死んでしまった。

これ以降、猟犬は落ちてしまった主人を恋しがり一生けんめい月をかんだ。こうして月には欠けたところができたそうだ。（三倉）

8　動物からもらった年　ブルガリア

何もかも凍りつくような、ある寒い冬の日、馬と牛と犬があてもなく歩いていた。

「おれたち、このままだとこごえ死んでしまう。どこかでちょっと休ませてもらおうよ」

「そうだね」

「たのんでみようか」

そこで三匹は、人間が住んでいる家を訪ねた。

「だれだね、わしの家の戸をたたくのは」

「わたしたちです。馬と牛と犬ですよ」

「何か、わしに用でもあるのかね」

「わたしたちは、寒くてこごえそうなのです。どうか、ちょっとだけ、炉ばたで火にあたらせてください」

「いいとも。さあ、早く家にお入り！」

人間は戸をあけて、三匹の動物を炉ばたに座らせた。馬と牛と犬は、ばんばん燃える火を囲んで、冷えきった体をのばして暖めた。

人間は、突然のお客のために食べるものも用意してくれた。馬にはからす麦、牛には野菜くずをぬかでこねたもの、犬にはパン切れを。

「さあ、いっぱいお食べ！」

三匹は、喜んでおなかいっぱい食べた。そして、ようやく生きた心地がしたとき、やさしいこの家の家人が頭をかかえこんで考えごとをしているのに気がついた。

「どうなさったのですか。何か、心配ごとでもあるのですか」

「おまえたちに話してもしかたのないことだが、わしは、もうすぐ死ななければならないのだよ」

人間は、悲しそうに、言葉をつづけた。

「わしの寿命はもうすぐ燃えつきてしまう。生き物は、だれでもみんな同じ命の年数が与えられていることは、おまえたちも知っておるだろう。小さなアリも、ラクダも、人間と同じ年数の寿命が……」

それを聞くと、馬と牛と犬は頭をよせあって何ごとか話しあった。そして、しばらくして、馬が話しかけた。

「人間さん、悲しまないでください。あなたに、わたしたちの年をおゆずりしましょう」

犬も言った。

「わたしたちは、それぞれ十年ぐらい命があれば十分なので、残りの年はあげます」

「人間さんは、わたしたちの分の年も寿命に加えて長生きしてください」と、牛も言った。

「ありがとう！　おまえたちは本当に、そんなことをしてくれるのか」

人間はとても喜んで、三匹の動物たちから年をもらい、自分の年に加えさせてもらうことにした。

人間は、馬からもらった年は青年時代に加えた。だから若い人は馬のように元気がよく、まっすぐだという。牛からもらった年は、働きざかりの世代につけたしたそうだ。壮年時代の人が牛のように休まず黙々と働くのは、そういうことだ。

そして、犬からもらった年は、人間の最後の時期のために残しておいた。だから、年老いた人は犬のように怒りっぽいのだが、いつも家にいて、しっかり家を守るようになったそうだ。

ATU173（八百板）

9　黒いむく犬　スイス

現在ビショール湖のあるハインツェン山の上に、昔、りっぱな小屋が建っているきれいな牧草地があった。その美しい牧草地への通路は、金持ちでけちな酪農家のものだった。

ある日、貧しい男が力なく山を越えてきた。男はひどい暑さにくたくたになり、酪農家にミルクを一杯飲ましてくれと頼んだ。神をも恐れぬ酪農家は男にチーズにするためのミルク（1）をやった。のどの渇いた男はなにも知らずに飲み干すと、お礼をいって先に進んだ。しかし、まもなくこの飲み物があわれな男に強い痛みを引き起こした。

ところが、すぐに、男が苦しんでいるところに、燃えるような目をした大きくて黒いむく犬が地面から現れた。意識を失っている男に近づいて、手をなめると、たちまち男の強い痛みは消えた。

それから、毛むくじゃらの犬はチーズ小屋に飛びこんで、冷酷な酪農家を引き出すと、あわれな男にひどい飲み物をやった場所で、酪農家をぐるぐると回した。四方八

方から地下水が湧き出るほど、長い間ぐるぐると回転させた。そして、酪農家も小屋も牧場も押し流してしまった。（杉本）

（1）チーズにするためのバクテリアが入っているので飲むとお腹の中で発酵してひどく苦しむ。

10　マクフィーの黒犬　イギリス〈スコットランド〉

　ある日、マクフィーは狩りに出たが、家に帰りつく前に夜になってしまった。あかりが見えたので、まっすぐそっちへ向かった。たくさんの男たちがそこに座りこんでいた。そして、まん中に白髪頭の老人がいた。老人は言った。「マクフィー、こっちへ来い」

　マクフィーは男たちのいるほうへ歩いていったが、そこへ一匹の雌犬が近づいてきた。見たこともないほど美しく、子犬たちを連れていた。マクフィーは、特に一匹の子犬に目をとめた。黒い子犬だ。そんなに黒く、また美しい子犬は見たことがなかった。「この犬をおれのものにする」マクフィーは言った。

「だめだ。好きな子犬を選んでいいが、この犬だけはだめだ」男は言った。

「他の子犬はいらない。この犬がほしい」マクフィーは言った。

「あんたがそう決めたというならな。この犬は、たった一日しかあんたの役には立たんぞ。だが、その日は十分すぎるほど役に立つことじゃろうて。しかじかの夜にまた来い。あんたに子犬をやろう」

マクフィーは、約束した夜にその場所に行った。男たちは犬をマクフィーにやった。

「よく世話をしてやってくれ。一日かぎりしか、あんたのためには働かんのじゃからな」と老人は言った。

その黒犬は、育つにつれ、誰も見たことがないほど大きくて美しい犬になっていった。マクフィーが狩猟に出かけるときに黒犬を呼ぶと、黒犬はドアのところまで来て、またもとの場所にもどって寝そべった。マクフィーの家を訪ねてきた紳士たちは、そんな黒犬は殺してしまえ、えさがむだだと言ったものだ。マクフィーは、犬のことは放っておいてくれ、この黒犬の日はまだ来ていないのだからと言った。

あるとき、アイラ島から紳士たちが大勢でマクフィーをたずねて来て、ジュラ島に狩猟に行かないかと誘った。ジュラ島はそのころ、人の住まない荒れ野の島だった。そして、鹿やノロジカの狩場としては並ぶものがなかったのである。そこには狩猟に来た人々が夜をすごす場所があり、大洞窟と呼ばれていた。

その日、島に渡るために船が用意された。マクフィーは、さあ出発だ、と腰を上げた。十六人の若い紳士たちが一緒だった。どの紳士たちも黒犬の名を呼んだが、犬はドアのところまで来て、またもとの場所にもどって寝そべった。「撃ち殺してしまえ」若い紳士たちは叫んだ。

「いや、黒犬の日はまだ来ていない」とマクフィーは言った。

紳士たちは海岸についたが、風が出てきて、その日は島に渡ることができなかった。次の日、また出発するしたくをした。黒犬が呼ばれてドアのところまで来て、またもといた場所にもどった。

「黒犬を殺せ。もうえさはやるな」紳士たちは言った。

「殺すものか。黒犬の日はまだ来ていないのだから」とマクフィーは言った。

この日、紳士たちは、またもや荒れ狂う天候のために島に渡ることができずに、家にもどった。

「黒犬には先見の明があるのだな」紳士たちは言った。

「黒犬は知っているのだ。自分の日はまだ来ていないことを」マクフィーは言った。

三日目はすばらしい天候に恵まれた。一行は港へむかおうとしたが、この日、黒犬には一言も声をかけなかった。マクフィーたちは、船を海に降ろして出発にそなえた。紳士のひとりが、黒犬がやって来るぞ、と目をこらしながら言った。あんなに恐ろしい生き物は見たことがなかった。黒犬はそれほどどうもうな顔をしていた。犬はひと跳びして、誰よりも先に船に乗った。

「黒犬の日が近づいている」マクフィーは言った。

一行は肉と食べ物と寝具を持ってジュラ島に上陸した。大洞窟で一夜をすごし、次の日、鹿狩りに出かけた。そして、夕方遅くに帰ってきて、夕食のしたくをした。洞窟の中には暖かなたき火が燃え、あかりもあった。洞窟のてっぺんには人がひとり通れるくらいの大きな穴が開いていた。

夕食をとると若い紳士たちは床に寝そべった。マクフィーは立って脚の裏側をたき火で暖めていた。若者たちは口々に、自分の恋人が今晩ここにいたらなあと言った。マクフィーは言った。

「そうか。おれは妻が家にいてくれているほうがいい。今夜はおれひとりでも不足はない」

マクフィーがふと目をやると、十六人の女が洞窟の戸口から入ってくるのが見えた。あかりが消え、たき火の光だけになった。女たちは紳士たちのところへ行った。洞窟にたちこめた暗闇のせいでマクフィーには何も見えなかった。男たちのほうからは何の音もしなかった。女たちが立ち上がった。そのうちのひとりがマクフィーをじっと見た。女は、襲いかからんばかりに、マクフィーの前に立ちはだかった。

そのとき、黒犬は立ち上がり、毛を逆立てて、怒りのこもった目つきで、女に飛びかかった。女たちは洞窟の戸口に押しかけ、そして、黒犬は女たちを洞窟の入り口まで追いかけていった。女たちがいなくなると、黒犬はもどってきてマクフィーの足元に寝そべった。

しばらくすると、洞窟のてっぺんから恐ろしい物音が聞こえてきた。マクフィーは、洞窟が頭の上に崩れ落ちてくるのではないかと思ったほどだ。見上げると、穴から一本の男の手が下りてくる。「手」は、マクフィーを捕まえて、洞窟のてっぺんに開いた穴から引っぱり出そうとしているようだ。黒犬はとび上がって「手」の肩とひじの間にかみつき、力いっぱいしがみついた。

そこで「手」と黒犬の戦いがはじまった。黒犬は、「手」から離れる前に、その二の腕の部分をかみ切ることに成功し、腕は床の上に落ちた。洞窟の上にいたものは逃げ去った。マクフィーは洞窟が頭上に崩れ落ちてくるのではないかと思った。黒犬は外にいるものを追いかけて飛び出していった。マクフィーは、黒犬が行ってしまったので、どうしようもなく落ち着かない時間をすごした。

あたりが白むころになって、なんと、黒犬がもどって来た。黒犬はマクフィーの足元にうずくまると数分後に死んでしまった。

洞窟の中が日の光で明るくなりはじめたころ、マクフィーはあたりを見まわした。

一緒にいた者たちの中で息のある者はひとりもいなかった。マクフィーは「手」を持ち、船のある海岸にむかった。そして船に乗り、コロンゼー島の家にもどった。犬も人も一緒ではなかった。マクフィーが「手」を持ち帰ったのは、人々がそれを見れば、あの夜、マクフィーが洞窟で体験した恐怖がわかるかもしれないと考えたからだ。アイラ島にもコロンゼー島にもそのような手を見たことがある者は誰ひとりとしてなく、そのような手が存在するなど想像したことすらなかった。

残った仕事はジュラ島に船をやって、洞窟の中の遺体を持ち帰ることだけだった。これが黒犬の日の終わりであった。

（岩瀬）

11 護衛 イギリス

ウォートン氏の話である。

私がエイスクリフの小さな宿屋にいた時、ボンドさんという人に会ったのだが、ボンドさんは私の友人でスワンクリフに住んでいるジョニー・グリーンウッドについてこんな話をしてくれた。

ある晩、ジョニーは馬に乗って森の中を通って、一マイルほど離れたところまで行くことになった。

森の入口で大きな黒犬が道連れになって、ジョニーのわきを歩いた。どこから来たのかわからなかったが、犬はずっとそばを離れなかった。森の中は暗くて、犬の姿は見えなくなったが、そばをパタパタ歩く足音がずっと聞こえていた。森から出ると犬はいなくなっていて、どこへ行ったのかわからなかった。

それから、ジョニーは目的の場所で用事をすませて、同じ道を帰ろうとして出発した。森の入口で犬がやってきて、前と同じようにジョニーのわきを歩いた。犬はジョニーにふれなかったし、ジョニーも犬に話しかけなかった。そしてまた森から出ると、犬はいなくなった。

何年かたって、ヨーク刑務所の二人の囚人が教誨師に話したところによると、二人はその晩、森の中でジョニーを殺して盗みをはたらくつもりだった。ところが、ジョニーが大きな犬を連れていたので、それを見た二人はジョニーと犬の両方を相手にするのは無理だと思ったということだ。

「これは役に立つ化け物だといえるね」と、ウォートン氏はいった。（岩倉）

＊この話は一九〇〇年代にはかなり広く知られていたようだ。一九一〇年にロンドンで年老いた牧師からこの話を聞いたという人もいる。ヨークシャーではおなじような話が、さびしい地域で慈善の募金をしていた有名なプロテスタントの牧師について語られていたという。

12 族長の息子の犬　ウィナベイゴー（アメリカ）

ウィナベイゴー村でのできごと。族長のひとり息子は二匹の犬を飼っていた。一匹はまっ黒で、もう一匹は白と黒のまだら。ある日、息子は猟に出た。父親は息子に、嫁を連れていかないように忠告した。

「もし何かが起って嫁を連れて帰れなかったら、みんなに軽蔑されるだろうから」

しかし息子は妻と二匹の犬を連れて出ていった。

猟地に着いて小屋を張った。秋のことだった。息子は毎日猟をしたけれど、獲物はない。そのうちに雪が降りだした。これからは猟がうまくいくにちがいないと考えたけれど、そのきざしはなかった。食料はだんだん少なくなる。

息子は二匹の犬をとてもかわいがっていた。ある夜、何やら聞こえて目を覚ました。話し声のようだ。聞きおぼえのない声だ。そのうちに、二匹の犬の声だとわかった。ウィナベイゴーの人たちは、すべての動物が話せることを知っている。しかし、人がそれを理解することは奇跡に近い。けれど、息子には一語もらさずはっきりわかった。

年上で体も大きい黒犬が、まだら犬に話しかけている。

「弟よ、ぼくは猟の助けができないでいる。おまえは若い。何か見つけてきてくれないか？　主人は助けがいるんだ」

「やってみれば、獲物を見つけることはできると思うよ。だけど、主人の妻はぼくをじゃけんにする。だからその気になれないんだ。あの人はぼくのことを犬としか扱わないんだから」とまだら犬。

犬たちは主人のことを友だちのように思っている。

すると黒犬は言った。「おまえはいつも自分のことだけを考えている。主人のことを思ってみろよ。いつもぼくたちに親切じゃないか。主人のために獲物をかき集めようではないか」

「もし、残りの食料をみんな食べさせてくれたら、ひきうける。腹がへっていては猟はできないからね」とまだら犬。

次の朝、息子は妻に命じて残りの食料を料理させた。妻は言われたとおりにした。できた料理をボールに入れさせ、息子はそれをスプーンでかき混ぜて冷ましてから、犬たちにあたえて話しかけた。

「兄弟よ、おまえたちは、私と一緒に暮らしてきた。いつもおまえたちを平等に扱い、世話をしてよい仲間にしてきた。けれど、とうとう食料はなくなってしまった。今、最後のものをおまえたちのために用意したのだ。私は一口だって食べはしない。おまえたちが行って、獲物を探してきてもらいたい。そうしたらまた、みんなが食べることができる。私は腹ぺこだ」

最後の食料を食べたあと、犬たちは小屋を出た。すぐさま、まだら犬の姿は見えなくなった。まもなく、小屋から遠くないところで吠えているのが聞こえた。そのあたりは、息子が何度猟をしても、獲物がなかったところだ。

しかし、まだら犬がとても大きな熊を見つけてきた。その大熊が巣の中にいるところを殺したが、大きくて引っぱり出すことができない。息子は妻の助けをもとめた。それから、朝食のためにその熊を料理した。犬たちにも分けあたえた。

その後、ふたたび猟をし、まだら犬は鹿をつきとめた。

それ以来、息子と犬たちはたくさんの獲物をとり、たくさんの肉をたくわえた。息子と妻は、干した肉をとっておくための棚をこしらえた。

ある夜、息子が目を覚ますと、また犬たちが話していた。黒犬が弟のまだら犬に話しかけている。

「発砲の音が近づいている、敵かもしれない。おまえは速く走れるから偵察してきてくれ」

「わかった、そうしよう。だけど、出かける前に何かを食べなければならない」

それで息子は火を起こし、妻に言いつけて食べものを用意させた。

食べた後、まだら犬は四日間の旅に出た。そして敵のところに着き、そこで敵のリーダーが、自分たちの主人や妻をやっつけようと話しているのを聞いた。敵のリーダーはパイプにタバコをつめながら作戦をねっていた。

まだら犬は夜明け前に、魔法のような速さで主人のところへもどって、敵が四日後にはここへ攻めてくると告げた。

息子はまだら犬に、このことを自分たちの村へ知らせるように言いつけた。まだら犬は、「わかった、まず、食べてから出かけよう」と言い、息子は食べものを用意した。

村へは三日間の旅が必要だったけれど、まだら犬は一日でたどりついた。村の人々はまだら犬だけがもどってきたので、息子や妻や黒犬は殺されたのだと思った。

まだら犬は族長の小屋に入り、族長の手をなめ、あわれっぽく鼻をならした。しかし、族長は犬が何を言おうとしているのかわからなかったので、魔力を持った老女の助けを求めた。老女はまだら犬に話しかけた。「みんなはなぜおまえだけがもどってきたのか知りたがっている。族長の息子や妻や黒犬は殺されたのか？」

「いやそうではない。見知らぬ敵が近づいていて、主人たちは助けがいる。それを知らせに来たのだ。何か食べものがほしい。それから自分は先に行くから、そのうしろをついて来てくれれば、場所がわかる」とまだら犬は言った。

族長は人々を集め、出撃の用意をととのえた。それぞれが余分のモカシン（靴）をたずさえた。まだら犬は食べ終えてから出発し、その日のうちに帰りついた。援助軍は二日後に到着した。

まだら犬は、敵がどこまで来ているかを見張っていた。

「敵の思いどおりにはさせないぞ、こちらは敵以上の力を持っているのだから」と黒犬は自信たっぷりに言った。

息子たちは食べものをたくさん用意し、人々は戦う用意をした。地面には雪がつもっていた。「敵は、明日の朝来るだろう、たくさんの兵がこちらに向かっている」とまだら犬。キャンプの両側にわながしかけられた。

犬の鳴き声を戦闘開始の合図にした。敵は、犬のことなどかまわないだろうから、待ちぶせて四方から鳴き声を出す。敵が近づくや、犬たちは四度鳴き、それを合図に襲撃を始めた。敵はわなにはまったと気づいたが、長い旅で疲れていた。たやすく敵を全滅させることができた。

人々はたくさんの勝利品をたずさえて、もどっていった。この時から犬たちはこれまでよりもっと大切なものとなった。黒犬は敵が近づくのを知らせ、まだら犬は忍び役として働いた。まだら犬は賢い猟犬でもあった。

黒犬は年をとり、まだら犬にこう言った。

「弟よ、おまえを置いて自分はもと来たところへ帰らねばならない。おまえは主人をできるかぎり助けるんだ。そして時が来たら、おまえもまたおいで」

黒犬は、狼の精神そのものだった。

（新開）

13　王子を助けた三匹の犬

ポルトガル

子どものない王と王妃がいた。そのことで王妃は王に不満を持っていた。ある日王妃が、子どもを授けてくださいとお祈りしていたら、こういう声が聞こえた。

「息子を授かるが、その息子は二十歳になると蛇にのまれるだろう」

王妃が聞いたことを王に伝えると、王は「耐えるのだ」と言った。

男の子が生まれた。そして子どもが生まれてから毎日、母親はマリア様にお祈りした。

王子が十九歳になった時、王子は父母がいつも悲しそうにしていて、時には泣いているのに気づいた。何度も問い詰めて、これから待ち受けている運命を母親に教えてもらった。父母につらい思いをさせたくなくて、王子は許しを得て旅立った。

もうすぐ二十歳というころに広い平原に出た。そこに老婆が現われた。

「お若いの、どちらに行くのかね？」

王子は自分の出生のいわくを話した。

「知っておる。悪い妖精がおまえの父親に復讐しようとしているのじゃ。おまえが二十歳になるとすぐに、妖精はおまえをしつこく追うだろう」

「私ではその悪い女を殺せませんか？」

「だめじゃ、おまえの手に余る。この先、それぞれ別の場所で、おまえは三匹の犬に出会う。その犬たちはいつもおまえのお供をする。犬が止まったら止まれ。犬がしたがらないことは、してはいかん。どんな悪さをしても犬を怒ってはいかん。犬はおまえの道案内をするのだ」

王子は老婆の祝福を祈り、旅を続けた。先に進むととても太った犬に出会った。その犬にパンを一口やって「ふとっちょ」と名づけた。もっと先に行くと、よく走る犬に出会った。その犬にもパンを一口やって「早足」と名づけた。さらに進むと三匹目の犬に出会い、「預言者」と名づけた。

この三匹の犬を連れて歩きながら、王子は悲しい日を迎えた。その日に二十歳になったのだ。

森の中の道を行くと、とても美しい娘が木の下にいた。娘は、休んでいってください、と王子を誘った。ふとっちょがすぐに隣の木の下で横になった。王子は娘のひざに頭をのせて眠った。目をさましたら娘はいなくなっていて、預言者と早足が横にいた。ふとっちょはまだ横になっていた。

王子は旅を続け、その夜宿屋に泊まることになった。宿屋の主人は美しい女だった。女には娘が一人いたが、その娘が木の下で会った娘に似ているのに王子は気づいた。

女主人は、三匹の犬を見るやいなや、外に出してくれるよう頼んだ。しかし、この犬たちはどこへ行っても私と一緒にいるのだ、と王子が答えた。その夜、王子は預言者と早足を両脇にして眠り、ふとっちょは長持ちの上で横になった。

翌日、女主人が娘に言った。

「一晩中ひどい目にあったよ。長持ちの中に入って、王子が眠っている間に飲みこんでやろうとしたのさ。でも、あの犬のやつがえらく重くて、長持ちのふたを持ちあげられなかった。あの三匹の犬は私の最強の敵だよ」

「王子を追いかけるのに、あとどれだけ時間があるの？」

「九日間だけだよ。九日過ぎたら復讐はできない」

「なぜ復讐するの？」

「王子の父は私と結婚するはずだったのに、私を裏切ってライバルと結婚したのさ」

少したって王子はベッドを離れた。女主人は、召使が馬に近づけないので馬に水をやれません、と伝えた。

王子はすぐに犬たちを連れて下におりた。預言者がふとっちょに近づくと、ふとっちょは馬小屋のすみに立った。王子は馬に水とまぐさをやり、夕食をとりに犬たちを連れて上がった。

女主人は怒った。馬小屋で王子を襲うつもりだったのに、ふとっちょが揚げぶたの上にのってしまったので、ふたを開けられなかったのだ。

そこで娘としめしあわせて、王子と犬の食事に毒を入れた。夕食時になって王子が席についた時、犬たちはテーブルに飛び乗り皿を割った。使用人たちはびっくりして逃げてしまい、王子は犬のふるまいにどう言っていいのかわからなかった。

女主人が文句を言ったが、犬たちは王子の横に座り、王子は犬が試した食べた物だけ食べていた。そこに宿泊客の犬がたまたま入ってきて、床に散らばった食べ物の残りをなめはじめた。すると犬はすぐにひっくりかえって死んでしまった。そこで王子は食事に毒が入っていたとわかった。

テーブルを離れ、犬たちを連れて部屋にもどった。そして女主人の娘を呼んでおどした。

「私がやったのではありません」と娘は悲しそうに答えた。

「おまえの母親がやったのだ。おまえの母親を殺さねばならない」

「母さんは死にません。不死の妖精です」

「誰だって死ぬ。どうしたらおまえの母親を殺せるか知らないか？」

「知りません。知っていても教えるものですか」

「おまえと結婚すると約束するならどうだろう」

娘はしばらく口をつぐんでから答えた。

「母さんはあなたを殺そうといろいろ企んでいます。それを私が黙ってみているからといって、私を冷たい女だと思わないでください。でも、私は何のお役にも立てません。母さんはとても強くてとても悪い妖精です。あなたの犬たちが勝てるかどうかわかりません。私は母さんにかまをかけて、殺す方法を聞きだしてみます」

娘は王子の部屋を出て、王子が母親を殺そうとしている、と母親に告げた。

女主人は大笑いして答えた。

「娘よ、恐れることはない。私はとても変わった方法でしか殺せないのだが、それを王子は知らないのだからね」

「母さん、私にその方法を教えてくれる？」

「いいとも。私の暗い部屋の戸棚に鳩を隠してある。その鳩の卵の胚の中に蛭《ひる》がいる。その蛭を殺せば私は死ぬ。ただし、その蛭を殺すには、一撃でまっぷたつにしなければばならない。王子を殺せる九日間がもうすぐ終わってしまう。今日の午後、私は隣の森に行って三人の恐ろしい妖精に会って、王子を殺す方法を相談してくるよ。遅くなったらいけない、もう森に行くよ。夜にはもどるからね」

女主人は家を出た。娘は王子に母親が語ったことを伝えた。三匹の犬は、まるで人間のように娘の言葉を注意深く聞いていた。娘と王子と犬たちは暗い部屋に入り、鳩を殺した。鳩から卵が出てきて床に落ち、中から大きな蛭が飛び出した。ふとっちょが蛭の上にのり、王子は一撃で蛭をまっぷたつにした。長い悲鳴が聞こえた。女主人が死んだのだ。

すると、三匹の犬はあっという間に消えた。

王子は不幸な娘を連れて城に向かった。城の中では、みんなが喪に服していた。城の入り口に老婆がいて、王子と娘に近づくとキスをした。それは前に出会った老婆だった。老婆は微笑むとあっという間に消えた。

王子はうれし泣きをしている父母に抱きしめられた。翌日、王子と娘の結婚式が行われた。とても盛大なお祝いだった。

ATU934, 302（紺野）

14 義狗碑 韓国

韓国南部の密陽邑《ミルヤンウプ》から武安《ムアン》に向かう道の途中に、義狗碑という石碑が建っている。この碑には、以前から次のような話が伝わっている。

むかし、一人の男がいた。その男は犬を飼って、とてもかわいがっていた。犬は、男が市場に行くときにはいつもついていった。

ある時、男が武安の市場で酒をたくさん飲んで家に帰ろうとしたが、ひどく酔っていたので、道ばたで寝こんでしまった。ちょうど秋のことで、野火が燃え、男が寝こんでいるところまで広がってきた。ところが、男はすっかり酔っぱらっていたので、火が燃えていることも知らずに寝ていた。犬は、何度も男を起こして火から逃れさせようとした。いくら起こしても目を覚まさないので、しっぽで水をくんで、男のまわりの草にかけて燃えないようにした。犬は、何度もしっぽをぬらして、水のあるところと男のいるところを行き来した。しかし、とうとうくたびれて死んでしまった。

男が、ぐっすり寝て目を覚ましてみると、あたりはすっかり焼けて、自分のまわりだけ焼け残り、犬は死んでいた。男はそれを見て、犬が自分を助けようとしてしっぽで水をかけたので、まわりが焼けず、犬はくたびれて死んでしまったということがわかった。犬が、自分を助けてくれたのだと犬の忠誠心に感動して、ていねいに埋葬し、そこに義狗碑を建てたということだ。

（辻井）

15 ペーガウの忠犬　ドイツ

今ペーガウの役所が立っている場所に、教皇の時代には修道院があった。役所として使われるようになってから修道院の建物も改築され、ここ二十年ほどの間に、壁にあった像もなくなってしまった。地上から大体八エレ（約五メートル）のところに籠をくわえた犬の像が彫ってあったのだ。犬は今ではしいたげられることも多いが、忠義心の強い動物で、この像は、主人への恩を忘れなかった犬の感動的な物語を後の世の人々に伝えようと彫られたものだった。

むかし、一人の修道士が重い罪を犯した。罰として修道士は生きたまま修道院の壁に埋めこまれることとなり、刑はそのとおり執り行われた。修道士が、このぞっとするような墓の中で、神からも人からも見放されて、死を待つばかりなのかと絶望していたとき、外壁の足元から何かを引っかくような音とクンクンという鳴き声が聞こえてきた。修道士は、これはむかし飼っていた忠義なむく犬にちがいないと思った。修道士は犬に気づいてもらおうと、苦労して石をいくつか壁から抜き取った。犬は賢くて、主人がまだ生きていることに気づくや、すぐにかけ出していき、しばらくして夜にまたもどってきた。犬が吠えてもどってきたことを知らせると、修道士は服を裂いて作った紐を下に投げおろした。

犬は以前にもそのような仕事をしこまれていたので、紐を籠に取りつけることができた。修道士は、壁に開けた穴から籠をひっぱりあげて食べ物を手に入れることに成功し、たいそう喜んだ。

犬に食べ物をあたえていた人は、そのことにまったく気づいていなかった。犬はそうやって何日も主人を養っていたが、ある時とうとう見つかってしまった。いわゆる「暗黒の時代」ではあったが、当時の人々は今の人よりも崇高な行いに感じいりやすかった。修道士は裁判で罪をゆるされた。そして、犬の像が彫られ、忠義心と賢さの象徴として後の世の人々に受け継がれてきたのだった。

（橋本）

16　犬に育てられた男の子　ドイツ

プレーゲルにある城の防壁近く、ヴォルガストの西一マイル半のところに、今は跡形もなくなったヴィーンドルフという村があった。そこで三十三年前に古いブナの林が切り倒された。その切り株が掘り起こされたとき、地面のすぐ下に規則的に並んだたくさんの石があらわれた。それは田舎の建物の基礎によくおかれていたようなものだった。

三十年戦争（一六一八―四八）でヴィーンドルフの村が破壊されたとき、すべての住民は殺されたが、たったひとりリヒェルトという名前の小さな男の子が生き残った。そしてその子を犬たちが乳をやって育てた。犬に育てられたことから、その男の子は猟の獲物をかぎつけるという能力を身につけた。男の子は成長して、城の防壁から約三十分離れた小川のほとりに家を建て、狼狩りの猟師となった。一八四八年までそこに住んでいた猟師の一族はその子どもの子孫だった。

（星野）

17　犬が悪事を明るみに　ドイツ

ヘンシュテットの教会墓地からインニーンまで通じている街道から左手に、一本の田舎道がメーツェンへと伸びている。この道を曲がると、右手の溝のへりにかなり大きな石がある。その石には、ぼやけて見えなくなってしまった文字と並んで、一七〇八という年号がみてとれる。それにはこういう言い伝えがある。

当時ふたりの旅人がその道をやってきた。そのうちのひとりは商人で、一匹の犬を連れていた。ところが商人はもういっぽうの男に殴り倒され、身ぐるみはがされて今は石が横たわっている溝のところに埋められてしまった。殺人者はさらに旅を続けてヘンシュテットの近くまできて、グリップの宿屋に泊まった。

しかし、商人の犬は、主人の姿があらわれるまで地面を掘りつづけた。それから主人をぺろぺろとなめた。すると完全に死んではいなかった主人は我にかえったのだ。商人と犬はヘンシュテットに向かっていき、宿屋で殺人者と出くわした。殺人者は捕らわれて、デレンベルグ山の森の中で縛り首にされた。

cf. ATU960A（星野）

18　狼の恩返し　リトアニア

ある時、子どもらが森で牛の番をしているうちに小さい子狼たちを見つけた。子どもらはからかってやろうと、木をけずって杭を作り、子狼みんなの尻に刺した。そうやって巣にもどしておいた。

母狼がもどってきてみると、子どもたちは目に涙、ピーピー泣きわめいている。母狼は子の尻に杭が刺されているのを見つけた。そこで森をかけまわり、人間の男がくるのを見るや追いかけた。男の方は逃げようとしたが狼はもう追いついて服のすそをかんで引っ張り、尻尾でつんつんとやった、まるで森へこい、というように。とにもかくにも行かなくちゃ。

母狼は男を森へ、巣穴へ連れていった。ウーウーうなっては服のすそをかんで引っ張っている。なにごとかとかがんでみると子どもの狼がいる。「一体なんなんだ、見てみなくちゃ」と一匹取り出してみたら、尻に杭、だ。抜いてやって次のをみて、それで全部ひき抜いた。母狼は穴の中の子のそばに横たわり、男はその場を離れた。

で、歩いていたら、森がざざーっとざわめいた。振り向くと、あの母狼が雄羊を運んでくるところで、男の前に走ってくると雄羊を投げ出し、帰っていった。一方男は雄羊を持ち帰り、子どもたちと一緒に食べたのだった。

ATU156（渡辺節子）

19 ストラス・デアンの猟師

イギリス〈スコットランド〉

むかし、ネス湖の南側のストラス・デアンに有名な猟師が住んでいた。狩猟の季節が来ると、猟師は二匹の犬をしたがえて谷の上端のクロー・クラッハへ出かけた。その日、猟師は一日中鹿を追いかけたあと、一夜を過ごすために山小屋にむかった。夕方、猟師は山小屋につくと、火をおこして、夕食をこしらえた。食事がすむと、炉の火にたき木を足して、小屋の隅にあったイグサの山に体を投げだした。二匹の犬もついてきて、主人の背後に寝そべった。

ほどなくして一羽の雌鶏が入ってきて、片方のわき腹を下にして、もう一方を火にあてて暖炉の前に寝そべった。その姿勢をとっていくらもたたないうちに、雌鶏は、どんどんどんどんふくらみだした。しばらくすると、雌鶏は身を起こして、今度は下にしていた方を火にあてた。すると、さっきもふくらんでいたが、今度はその七倍もふくらんだ。とうとう、雌鶏は女の姿になり、猟師の前の床の上に立った。

犬たちは女に気がつくやいなや、怒りをあらわにしてとびかかった。

「犬たちをおとなしくさせとくれ」と、その老婆はいった。

「それはできんな」猟師はいった。

老婆は自分の頭から髪の毛を一本抜くと、それを男に渡しながらいった。

「これで犬たちをつないでおくれ」

猟師は髪の毛で犬をしばったふりをし、代わりに自分の靴下留めを犬につけた。

老婆は犬たちがつながれたと見るが早いか、小屋の隅にとんでいって猟師につかみかかった。すると、犬たちは老婆を捕まえようととびかかった。

「髪よ、しめつけろ！」老婆がいった。

「ゆるめろ、靴下留め！」猟師がいった。

とうとう自由になった犬たちは、老婆にしがみついた。そこで、老婆は猟師から手を離すと、一目散に戸口から外へ逃げだした。

犬たちは老婆を戸口の前にある丘のふもとまで追いかけていった。丘のふもとで、犬と老婆の長くはげしい戦いがはじまった。けれども、とうとうその戦いも終わった。犬たちは泥にまみれ、ずたずたに傷ついて主人のところにもどってきた。

「もしも、老犬の口の中に若い犬の牙があって、若い犬の頭の中に老犬の知恵があったなら、わたしは逃げられなかったろうよ」と老婆はいい捨てて逃げていった。

次の日、猟師は家へ帰った。猟師が家についたとき、妻が大急ぎで近所の家に出かけるところだった。その家の住人は大怪我をして、今にも死にそうだという。猟師は妻を説きふせて家に帰らせた。そして、一口食事をとってから、自分で床についている女の家に行った。女は猟師がやって来るのを知ると、家の中にいた者たちに、戸を閉めてかんぬきをかけてくれと叫んだ。女のいうとおりに戸が閉められた。

しかし、猟師は家のそばまでくると、戸をたたきこわして中に入った。猟師はまっすぐ寝台に歩いていくと、女の胸から着ているものをはぎとって床に投げた。ぞっとするような光景が目にはいった。女の両の胸はあるべきところから引きちぎられていたのだ。猟師にはそのわけがわかった。前の晩に猟師と犬たちが山小屋で出会った老婆は、この女だったのだ。そこで、猟師は剣を抜き、魔女としてその女を刺し殺した。

ATU303（岩瀬）

＊「魔女の髪の毛一本で犬をしばる」というモチーフは、アイルランドやスコットランドの「二人兄弟」「竜退治」の話にもみられる。

第六章　犬と友だちになったコヨーテ——動物たちのつきあい

1　ライオンと狼と人間　フランス

狼が何度も村に来ていた。毎日村をうろついていた。食べ物をくれる者はなく、人間はいつも狼を追い払うのだった。狼はこう思っていた。

「人間たちは賢いな、どうしたら一杯くわせてやれるだろう」

すると、一頭のよく太ったライオンが森から出てきて、狼に言った。

「おい狼よ、すっかりふらふらじゃないか」

「一週間前から何も食ってないんだぜ、想像つくか。あんた、人間にはくわしいかい」

ライオンは狼に言った。

「いいや、知らないよ」

「あ、そう。知り合いになれば、ちっとはわかるよ」

「ほう、どんな様子をしてるんだ、人間てのは」

「うん、後ろ足が二本あってな、上の方の二本は腕っていって、使わないのさ」と狼が言った。

「やあ、向こうに一人いるぞ。人間かどうか聞いてこよう」

それはお爺さんだった。

ライオンがお爺さんにたずねた。

「あんた人間かい」

「そうさ、昔はな、人間だったよ。でも今は役立たずさ。もう何もできやしない」

「ふうん」

刀を脇に差した戦争帰りの騎士がやってきた。

ライオンがたずねた。

「あんた人間かい」

「そうだよ。なぜだい」

「もし、あんたが人間なら、二人で戦おう。おれは尻尾で戦うよ」

「よし、やろう」と騎士が言った。

そこで、ライオンが尻尾を振りまわすと、騎士は手の届くところの尻尾をちょん切った。

次の一撃を加えると、また尻尾をちょん、別の一撃でまた尻尾をちょんとやって、全部切ってしまった。ライオンはその場から逃げ出した。

狼に会いにいくと、こう言った。

「人間に出会ったよ」

「で、やつらはあんたになにをしたんだね」

「ああ、おまえさん、おれが尻尾で攻撃をするたびに、尻尾がすっ飛んでいくのを感じたよ。それから尻が焼けるように熱くなってきたので、そこから逃げ出したのさ」

とライオンが言った。

そう、うちの親父がわたしらに話してくれたよ。

ATU157（桜井）

2　犬と狼　アンゴラ

ある日狼の母親が死んだ。残された狼は、悲しみよりも空腹を感じていたので、友だちの犬にいった。

「母さんを食べよう。後で君のお母さんが死んだら、その時も一緒に食べよう」

「わかった」

犬の母親が死んだ。その時、狼は狩りに出ていた。犬はこう考えた。

「もし野原に母親を埋めれば、狼のやつが来るだろう。そしていつも腹ペコなあいつは、においをかいで穴を掘り返し、死体をむさぼり食うだろう。母親を暖炉の下に埋めたほうがいいかもしれない」

狼が来て、きいた。

「君のお母さんの遺体は？」

「野原に埋めたよ」と犬は答えた。

しかし、狼があたりの地面をかぎまわり、そこらの風のにおいをふんふんかいでも何も見つけられなかった！

暖炉をしらべようとしたが、熱すぎて前足にやけどをした。

犬はその姿を見て、小さな声でいった。

「君、暖炉は熱いよ！　君の母親をいっしょに食べた日の約束は、ちゃんとおぼえているから！」

それからというもの、犬が暖炉のまわりを歩くときは、二回ぐるぐる回る。それは、熱い地面に埋まっている先祖に敬意を表すためと、うまくやって狼の牙から先祖を守れたことへの感謝を示すためなのだ。

（紺野）

3　犬と狐　ドイツ

ずっとむかし、アルテノイテにシュペックマンというお百姓が住んでいた。お百姓は犬を一匹飼っていたが、その犬は年をとっていて、もう仕事がちゃんとできなかった。

ある日お百姓が犬に向かっていった。

「もうおまえは用なしだ。どこかよそで食いぶちを探してくれ」

犬は、「どうかお情けを。年をとった今になって追い出されるなんてあんまりです。そんな仕打ちを受けるいわれはありません」とくいさがったので、とうとうお百姓もいった。

「あのいまいましい鶏泥棒の狐のやつを捕まえられたら、おいてやってもいいぞ」

犬は急いで出かけていくと、狐の穴の前に寝ころがった。

まもなく狐が穴から出てきたが、入り口にころがっている犬を見ると、

「この老いぼれをおれの台所へ持っていこう。まだ十分に食べられそうだ」と思い、

自分の尻尾を犬の尻尾に結びつけて、犬を穴の中へ引っぱっていこうとした。犬は何がどうなっているのか気づくと、最後の力をふりしぼって引っぱりはじめた。そしてとうとう狐を穴から引っぱりだすと、主人のところまで引きずっていった。

狐は殺され、犬は死ぬまで餌をもらうことができた。

ATU101（橋本）

4　犬と友だちになったコヨーテ　マサワ（メキシコ）

昔、犬を飼っている家があった。老犬になったとき、家族は犬を虐待し餌をやろうとしなかった。ある日犬はとてもお腹がすいたので、食べ物を探しに家を出た。あちこち探したが何も見つからなかった。そしてコヨーテに出会った。

「犬さん、ここで何を探しているんだい」とコヨーテがたずねた。

「食べ物を探しています」と犬は答えた。

「おまえの家で食べ物がもらえないのかい」とコヨーテはたずねた。

「私は家でかわいがられていないんです。だから餌がもらえないんです。みんなは私が年をとって、吠えることもできないというのです」と犬は答えた。

　コヨーテは犬にいった。

「わしがおまえを少し助けてあげよう。あの家にはたくさんの七面鳥がいることを知っているからね」

「その通りです。息子の一人が結婚しようとしていますから」と犬は答えた。

「わしが一度行って七面鳥を捕まえて食べようとするからな。七面鳥が羽ばたいている音を聞いたら、おまえが出てきてわしを追いはらうのだ。わしはおまえと争えるよう、待っているからな。おまえの主人にどのようにわしらが争っているかを見せに行くからな。そしておまえが勝つところを見せてやろう。争いが終わると主人はきっとおまえをまたかわいがるようになるだろう」

そこでコヨーテは去って、次の日にもどってきた。

その日の午後、コヨーテと犬が争って、犬が勝ったとき、犬の飼い主はどのようにコヨーテが犬と争い、犬が勝ったかを話した。そこで家の主人はいった。

「いい餌を犬にやろう。老犬だがまだコヨーテに勝てるのだから」

それからコヨーテはもどってきて、

「主人はどういっていたかい。おまえをかわいがり、いい餌をくれたかい？」

「うん、昨日夕方には餌をくれたし、今日も朝からくれたよ」

するとコヨーテは答えた。

「見ろよ、そうなるといっただろう」

そこで犬はいった。

「家の息子の結婚式のときはあなたを招待するから、食べに来てよ。あなたがモーレを食べられるかどうかは知らないけど」

「うん、わしは食えるよ」とコヨーテは答えた。

結婚式の日が来て、コヨーテは犬の家を訪問した。犬は家にあるごちそうをすべて、モーレもトルティージャもプルケ酒もコヨーテにあたえた。コヨーテはプルケ酒をたくさん飲んで酔っぱらい、いった。

「歌いたくなった」

「歌わないでよ。ここにはたくさん犬がいるから、あなたの声を知っていて、みんなやって来て、あなたにかみつくだろうからね」と犬は答えた。

「そんなこと、わしは信じない」といって、コヨーテはうなりはじめた。

するとと犬たちはその声を聞いて、コヨーテのようにうなりはじめた。

そこで犬はいった。

「私を助けてくれてありがとう、コヨーテさん。でも立ち去った方がいいよ。たぶん犬たちがあなたを殺してしまうからね」

これで話は終わった。

ATU101（三原）

＊メキシコ州・トルーカ北西部に住むマサワ族の話。

5　ヤマウズラと犬　フランス

ある日、雛を育てていたヤマウズラが、悪い狼に雛たちを食われてしまった。すっかり取り乱した母ヤマウズラは隣村へ行き、友だちの犬に会うと、不幸なできごとを語って聞かせた。

ヤマウズラは犬にいった。

「あたしに手を貸してちょうだい。森へ行ってよ。狼と戦いにね。狼の腹を割いて殺してくれたら、あたしの小さな子どもたちを無傷で取りもどすことができるかもしれない。だって狼のやつ、がつがつしてたもんだから、子どもたちをかまずに丸のみしてしまったんですもの。もしうまくやってくれたら、あんたを大笑いさせてあげると約束するわ」

「狼に向かっていくのはいいけど、あっちはおれよりずっと強いんだぜ。それに二日前から何も食べてなくて、力が出ないよ。食べ物をおくれ。元気になりしだいやってみるから」

そうこうするうち、パンの入った籠を頭に乗せたパン屋が通りがかった。ヤマウズラが犬にいった。

「よい考えがあるわ。あたしがパン屋の肩に止まって、くちばしでつついて籠を地面に落としてあげる。パンをいくつか取って、逃げるのよ」

いうが早いか実行に移された。ヤマウズラはパン屋の肩に止まるとパン籠を落とす。一方犬はそこへ飛んでくると、パンを素早くいくつかパクパク食べた。お腹が落ちつくと、犬とヤマウズラは狼を探しに森の中へ入っていった。ヤマウズラが犬にいった。

「あたしのいうことをよく聞いて。あんた死んだふりをするのよ。あたしが狼をあんたの近くまで連れてくるから」

ヤマウズラは、犬をそこに残して狼のいるところまでやって来ると、狼にいった。

「狼、あたしの子どもたちを食べたのはあんたでしょう」

「誓っておれじゃないよ」

「今いったことを、死んだ犬の頭にかけては誓えないでしょう」

「いくらでも誓えるよ」

「こっちへ来て。さっき犬の死骸を見つけたの。あの頭にかけて、あんたは何も悪いことをしていないと誓ってごらんなさい」

そこで狼は犬の死骸に近づいた。狼が誓いをするために前足を伸ばすと、死んだふりをしていた犬が狼ののど笛に食らいつき、一撃で殺してしまった。狼の腹を切りさくと、雛たちがなんの怪我もなく、うれしそうに飛びだしてきた。

母ヤマウズラは満足そうに、犬にいった。

「あんた勇ましかったわ。お礼に笑わせてあげなきゃね。明日は日曜日だから、二人でミサに行きましょう」

次の日、犬とヤマウズラは教会の中に入った。教会はとても混雑していた。犬は入り口の近くに座って、後ろから聴衆を見ていた。ヤマウズラは飛び立つと、ミサを上げている司祭の肩に止まった。人々はびっくり仰天して、おもしろがった。

ちょうど、行列をしに外へ出る準備をしているところだった。大きな十字架を手にした聖歌隊の子どもが、いまいましい鳥を追い出そうと、十字架を振りあげた。子どもが十字架を振りおろしたそのとき、ヤマウズラは飛びたち、十字架はどすんと気の毒な司祭の頭の上に落ち、司祭はばたんと倒れた。

その間、教会の入り口近くで、こんなおかしな光景を目の当たりにして、犬は腹を抱えて笑っていた。

ATU56B（桜井）

6　犬と小鳥　イタリア

　昔あるところに、犬と小鳥がいて、ずっと前から友だちだった。犬と小鳥が出会うと、いつも大よろこびして、長いことおしゃべりをしていたものだった。

「犬くん、ここ何日も会わなかったけど、なんか困ったことでもあったのかい？」

「疥癬《かいせん》で困っているんだよ、小鳥くん。ほら、ここになにかあるだろう？　砂の中をころがったり、川で水浴びまでしたんだけどどうにもならないんだ。あいかわらず、かゆいのさ。昼も夜も」

「安心しなよ、ぼくが助けてあげるから。いいかい、村までついておいで。見ててごらん」

　小鳥は薬屋まで飛んでいき、開いていた窓から仕事場の中に入っていった。そしてちょうどいい薬の瓶をみつけると、それをくちばしでとってきて、いまかいまかと待っている犬のところに落としてやった。

「こぼれた薬の上を転がりたまえ」と、小鳥は年とった友に言った。犬は薬の上を転がるとすぐに、よくなるのがわかった。

「治ってくるのがわかるよ、小鳥くん、どうやってお礼すればいいかわからないよ」

「お礼なんていらないよ、ぼくたち友だちだろ、じゃあな」

何日かして、また出会った。だが、こんども犬は悲しそうに耳を垂れていた。

「どうしたんだい、犬くん、すっかりくたびれているみたいだけど」

「お腹がぺこぺこなんだよ。昨日からなにも食べてないんだ。マカロニを夢にみるんだ、ああ、マカロニが食べたいなあ」

「君の問題ってそれだけかい？　ついておいでよ、その問題ならどうすればいいか、ぼくにはわかってるよ」

犬と小鳥は田舎道を、二キロメートルほど行った。その道は、ピラートの家のお手伝いの娘が、オリーブの実をたたき落としている女たちに、お昼のごちそうをもって毎日通る道だった。小鳥はそれを何度も見ていた。

「ほら、やってくるよ」と、小鳥はお腹をすかせた友だちに言った。

「早く、茂みのうしろに、かくれたまえ」

犬は言われたとおりにした。小鳥は枝の上に止まった。その下を娘が通るとすぐに小鳥は娘の顔のまわりをとびはじめた。娘はこわくなって、ころんだ。食べ物の入った籠は、大きな口を開けていた犬のそばに落ちた。やっと犬はお腹いっぱいになった。

帰る道々、小鳥と犬は、娘の悲鳴を思いだして、お腹の皮がはち切れそうになるほど笑った。

「まったくほんとうだよ、犬くん」と小鳥は言った。「お腹がいっぱいで、ますます愉快だね」

「それはそのとおりだよ、小鳥くん、こんども君のおかげだよ」

「そんなこと何でもないよ、犬くん。さあ、ぼくは今回は行かなくちゃならないんだ、じゃあまたね」

翌日、村から出たところでまた会った。

「今日はどんな具合かね、犬くん」

「よくも悪くもないさ。いつまでもここにいるのにあきあきしちゃったよ。小鳥くん、なんか思いきり笑わせてくれなくちゃ」

「いい考えがあるんだ、犬くん。ぼくと一緒においでよ。きっと君は楽しめるよ」

小鳥は気づかれないように教会の中に入り、ミサをやっている司祭に近づいた。その日は日曜日だったから教会には大勢の人がいた。小鳥は円天井の上の方に飛んでいき、小さな天使の上に止まった。そこからねらいを定めて、司祭の頭の上に飛んでいった。

気の毒な司祭は頭がつつかれるのを感じ、法服をもちあげて、びっくりしている人々の中に逃げこんだ。

犬は転げまわって大笑いした。涙までこぼれた。今までこんなに笑ったことはなかった。もう、世界はずっとすばらしいものに思われた。

少しして、小鳥と犬は教会の前庭で一緒になった。

「君にお礼を言うよ。小鳥くん。ぼくはほんとうに大笑いしたよ」

「それはよかったね。だけどぼくは行かなくちゃ。明日また会おう」

「ちょっと待ってくれ、小鳥くん。飛んでいってしまわないで。この幸せは君と友だちになったからだって言いたかったんだ。ぼくたちこれからもずっと友だちだよね」

「ぼくたちこれからもずっと友だちだよね」

「もちろんだよ。いい友だちっていうのは最高だよ。じゃあまたね」

ATU223（剣持）

7　狼とハリネズミと猟犬　モロッコ

豊作が予想されたある年に、狼とハリネズミは放置されている畑に一緒に大麦をまくことにした。土地を耕し大麦をまいた。

取り入れの時期が来たとき、二匹は一緒に仕事をした。もう脱穀もすませ、脱穀場が大麦でいっぱいになったとき、分配がはじまった。狼とハリネズミは同じ量の仕事をしたのだから、平等に分配する約束になっていた。

狼は枡《ます》で取り入れた大麦を計りはじめた。しかし腹黒い狼は、種まきのときの約束とはちがって、十枡分の大麦を自分の袋に入れるたびに、ハリネズミの分として大麦一枡分地上にばらまいたので、ハリネズミは一粒ずつ拾いあげなければならなかった。

この狼の悪いやり方を見て、ハリネズミは文句をいったが、狼はハリネズミの一枡分に対して、十枡分どころか二十枡分を自分の方に入れた。

あわれなハリネズミはどうすることもできず、分配を次の日まで延ばしてくれるようにとたのんだ。狼は反対しなかった。

その日ハリネズミは知り合いの数頭の猟犬にこのことを話し、不平をうったえた。一頭の猟犬があなたを助けてあげようと申し出て、そのようにした。次の朝、ロバを雇い、背中に鞍をおいて、その上にいくつかの袋をのせ、袋の一つに友人の猟犬を入れ、全身を覆って鼻先だけを外に出した。

ハリネズミは脱穀場に着いた。そこには狼が待っていた。すぐに残った大麦の分配がはじまった。狼は枡を取り、自分の袋には十枡分を入れてハリネズミの袋には一枡分を入れた。狼はこの作業を二回した。しかし三度目にハリネズミの袋に大麦を入れようとしたとき、猟犬の鼻先が見えた。ハリネズミにいった。

「ハリネズミおじさん、私が昨日と今日の今までした分配は公平ではないことに、今、気がついたよ。だからもう一度やり直した方がいいと思う」

狼はふたたび分配をはじめた。

「狼おじさん、あなたの好きなようにしてください」とハリネズミはいった。

「一、二、三、四……十枡分がハリネズミおじさんの分。一枡がわたしの分、わたしはあなたほど働かなかったからね」

これに対してハリネズミが狼にたずねた。

「狼おじさん、どうしてそんなに行いが変わったんだい？」

「ハリネズミおじさん、警察の目が袋の口から見えたからね」

すると袋から猟犬が跳びだした。狼は飛んで逃げ、二度ともどってきて、ハリネズミと仲間になることはなかった。（三原）

8　犬と狼の戦争　ウクライナ

狼が村へやってきて犬にいった。

「友だちになろうぜ」

犬は友だちがなかったもので承知した。狼は犬のところへ客にきた。やってきては新しい友を森へ誘いつつ、目は外庭を眺めまわしている。犬はうとうとしはじめたが、羊がなくのを感じた。それで、目を開けてみると、狼が羊を家畜置き場から引き出そうとしているところだった。犬はワンワン吠えた。主人が家から飛び出してきて棒をつかみ、思うさま殴りつけたもので、狼は羊を落とし、やっとこさで逃げた。

狼は森へかけもどると、獣たちに呼びかけ、犬と戦争だといった。戦争は村の中ではなく、森の中だ。狼には熊に猪、狐が加わった。でも犬には一緒に戦うものがいない。雄牛に頼んでみたが怖がるし、馬に頼んでも行ってくれない。犬ががっくりとしていると雄鶏がやってきた。

「どうした、わんこ、がっくりしてさ」

犬がわけを話すと、雄鶏はガチョウに鴨、猫によびかけて、それで軍隊ができあがった。次の日、戦争に出かける用意だ。雄鶏がいった。

「森へつく前にすっごい大騒ぎをするんだぞ」

さて、森へ入る前に、犬はワンワン、猫がミャアミャア、雄鶏はクカレクー、ガチョウがガーガー、鴨はグワッグワッ。この騒ぎを聞いた熊は、「すごい大軍がくるぞ。どこへ隠れたもんかな？」そういってオークの木の上に入りこんでしまった。狼は熊が怖がるんじゃおれはどうしたらいいんだ、と切り株のうしろに隠れた。猪は厚くつもった落ち葉の中に、狐はオークの木の下の穴にもぐりこんだ。

犬軍がオークの木の下にやってきてときの声をあげると、これが獣たちには、「えい、やつらはここだ！」と聞こえた。鴨がターク、ターク、ターク！　と鳴くと、「そうだそうだそうだ！」と聞こえて、ガチョウがガーガーいったのは、「どこ？　どこ？　どこ？」に聞こえた。猫がミャアと鳴いたところで猪が尻尾をぶるっとやった。蚊が刺したからだ。猫は「ネズミだ！」と思って尻尾に飛びついたものだから、猪は猫に食い殺される、と思って飛び出した。猫は仰天、オークの木に飛びついたとたん、熊も食われると思って木から落ちて、狼の上に落っこちてしまった。狼はばっと逃げだし、狐も切り株の下から一目散。犬が狐を追いかけた。でも捕まえられなかった、尻尾をちょいとかじったけど。
こうして戦争は終わった。でも犬と狼の間に今も和平はない。

ATU103（渡辺節子）

9　狼と鶴　ラトビア

狼が子羊を食ったが、がつがつ食らったもので骨が一本、喉にささってしまった。そこで狼は「骨を抜いてくれた者にはほうびをどっさりやる」と約束した。すると鶴が「助けてあげよう」と名乗りでた。

長い首を狼の口の中に差しこんで骨を抜き出すと、「ほうびを」と言った。狼はニヤリ。

「おれの口の中にあった頭が無事だっただけじゃ足らんのか。こんなお情け以上にもっとほしいのか」

ATU76（渡辺節子）

10 ピーフールの野犬　インド

インダス川の岸辺のピーフールの山に、一匹の野犬が住んでいた。その犬は、葬式の太鼓の音を聞くと、ひとりごとをいったものだ。

「やあ、葬式があるぞ、てことは今夜はごちそうだ！」

犬は葬式を逃すことはなく、いつも何かしら手に入れた。とうとう、川の両岸に住む人々は、犬をやっつけることにした。そこで、夜が近づく時刻に、一方の人々が東岸で合図を送り、別の人々が西岸で合図を送ることにした。

さて、東岸の一団が太鼓をたたくと、野犬はねぐらを出て川へ向かい、泳いで渡りはじめた。野犬が渡りおえそうになったとき、太鼓が止んだ。不思議に思ってためらっていると、反対の岸から太鼓が鳴りはじめたので、犬は引きかえした。しかし、犬はちょうど真ん中まで来たところで疲れてしまって水に沈み、そのまま流されていった。

（難波）

11　チーズと犬　ブラジル

露天商人が溜め池の近くを歩いていたら、荷物からチーズが落ちて、水の中に落ちてしまった。どうしようもないので、商人は行ってしまった。

翌日、となりの農園の犬たちが、池の底にチーズがあるのを見つけて、いろいろ手をつくして取りだそうとした。どうしても取れないので、犬たちは話しあった。多数決で、池の水を飲み干してチーズを取ろうということになった。

鼻先を水に沈めて、犬たちは水を飲みはじめた。飲んで飲んで飲みまくったら犬たちのお腹は破裂してしまった。チーズはピクリともしなかった。

ATU34（紺野）

12 死んだふりをした山犬　ブラジル

漁師が魚を干しているのを、山犬が見かけた。漁師は干した魚をロバの鞍の後ろについた籠に入れ、町に売りに行った。

山犬は猟師の通り道に横たわり、死んだふりをした。

人のよい漁師はロバを止め、降りて山犬を抱きあげた。山犬はぐったりしていた。

「あわれな山犬め！　死んでいる！」そう言って魚の籠の上に山犬を置いた。

山犬は急いで魚を爪にひっかけて取りだし、道端に放りだした。次にロバから飛びおりて魚を集めた。そして仲間を呼んで宴会をして、自分のずる賢さを自慢した。

漁師は町につくと山犬の死体を捜した。魚がなくなっているのを見て、すべてを知った。

この手柄をきいた一匹の山犬が、同じことをしようと思った。

漁師が魚を干す竿を見張り、漁師がロバを出した時、道に横たわって死んだふりをした。

「おお！　ここにいたのか！」

漁師はそう言って、こん棒で山犬を殴りはじめた。死体はうめかないものだから、この山犬はしばらくうめかないで我慢したが、体中の骨を折られて、足をひきずりながら走って逃げた。

仲間が山犬を待っていた。山犬は恥じいりながら事のてんまつを語った。そこで、群れで一番年寄りの山犬が言った。

「自分より元気な者や幸せな者のまねをしてはいかん」

（紺野）

13 ぺったんこになったコヨーテ　アメリカ

ある日、コヨーテが外を歩いていた。その朝は寒かったけれど、お気に入りのブランケットを着て暖かかった。陽が高くのぼるにつれてコヨーテはだんだん暑くなり汗をかいた。

「このブランケットは暑すぎるよ。一日中このブランケットを持ち歩くのはいやだね、だれかにやってしまおう」とコヨーテはひとりごとをいう。

坂道を行くと急な斜面の端に大きな石が立っていた。コヨーテはブランケットをぬいで、

「石のおじいさん、あなたに贈り物をあげましょう」

コヨーテはブランケットをうやうやしく大きな石の上にかけた。

「プレゼントできてうれしいよ、これであなたは冬でも暖かい。気に入るとよいけどね」

石は何にもいわなかった。

「お礼は無用だよ」コヨーテは坂道を歩きながらいった。

石は答えない。

コヨーテは長い足をうんとのばして登っていく。そのころ、コヨーテの足はアンテロープのように長くてきれいだった。

「さよなら、おじいさん」コヨーテはよびかける。

石は何もいわない。

コヨーテは悪さをしたりほかの動物にちょっかいを出したりして、一日中台地《メサ》のふちぞいを歩きまわった。陽がしずむと、寒くなりふるえた。ブルル、と大声をあげる。

「おれのブランケットはどこだ？」

コヨーテは坂を下っていって、大石の上にかけたブランケットをみつける。

「ここにあった」と叫んで走り寄った。コヨーテは一方の端をつかんで引っぱった。もう一方の端がとがったところにひっかかって、引っぱっても、引っぱっても、はずれない。

「おれのブランケットを返してくれよ、石じじいめ！」

コヨーテは昼間、暑くて石にやってしまったのを、すっかり忘れて、おこっていう。

「返してくれる気があるの？」

石は黙っている。

コヨーテは短気をおこし、飛び上がってブランケットを引くとはずれた。すると今度は上がひっかかる。

グイッと引っぱって、やっと取れた。コヨーテは口汚くどなって、ブランケットにくるまり坂を下りはじめる。

すると石が「ウーン」とうなった。コヨーテは黄色い目をむいた。

「ウーン」

コヨーテはふりかえって石をみつめる。

「ウーン」

石は坂の下にいるコヨーテの方にかたむいた。ギャッとこわがるコヨーテ。

「ウーン」

石はころがりだした。コヨーテは必死で走り、ブランケットが背中でひらひら舞った。石はころがりながら死の歌をうたう。だんだんコヨーテに近くなり、コヨーテの自慢の長い足もじゅうぶん速くないほどだ。石の片方がブランケットにさわりコヨーテを巻きこんだ。

バリバリッ、石がいった？　それともコヨーテが出した音？

石はコヨーテの上をころがりぺったんこにしてしまった。石はとりあげたブランケットと一緒にころがりつづける。石のころがる音がこだまし、それが止んだあともずっと、コヨーテは倒れたまま、うめきつづけた。

谷間は静まり、月が出た。コヨーテは悲しい、悲しい歌をうたった。

そしてゆっくり体を起こし、曲がって短くなった足で立ち上がった。舌をだらりと下げ、石がころがり落ちた谷間へかけよった。

石は月の光の中に横になり、ブランケットの上で眠っていた。ブランケットのほんの端だけが石からはみ出ていた。コヨーテは長い間それをみつめて、

「こんなブランケット、べつに好きだったわけじゃないんだ」と鼻息あらくいい、満月のなかを谷間にそって家へかけ去った。

（新開）

14　コオロギとコヨーテ

タラウマラ（メキシコ）

この話はずっと昔に住んでいた人々が私に語ってくれた。

コヨーテがコオロギに出会った。コオロギはとても背の高いとがった石のそばにいて、「コヨーテさん、ぼくを食うのかい」とコヨーテに話しかけた。

「そうだな、わしはおまえを食いたいな」とコヨーテはいった。

「どうしてぼくを食うのかね。ぼくはこの石が倒れてこないように支えているのに」とコオロギは答えた。

そこでコヨーテは石を眺めると、石は今にも倒れてきそうに見えた。しかし動いていたのは石ではなかった。それは雲だった。コヨーテはとてもバカだったので、石が動いていると信じてしまった。

「石が動いているだろう」とコオロギはコヨーテにたずねた。

「うん、もう石は倒れてきそうだ」とコヨーテは答えた。

するとコオロギはコヨーテにいった。

「この石を数分間だけ支えてくれないか。ぼくはとても喉がかわいて小川へ水を飲みに行きたいんだ。すぐにもどるよ。もどってきてからぼくを食えばいいよ」

コヨーテはすぐに石に近づいてそれを支えた。コオロギは素早く行ってしまって、二度ともどってこなかった。

それからかなりの時間がたった。コヨーテは石を押しつづけるのに疲れてしまった。そこはとても高い崖の上だった。コヨーテは疲れきってしまったので、もうこれ以上がまんができなくなった。はなすと石が倒れると思ったので、石が倒れてこないように、大きくひと跳びした。

石は倒れてこなかった。コヨーテの方が倒れた。下まで落ちて死んだ。

コオロギは助かった。コオロギは別の場所へ行った。これがコオロギがコヨーテに殺されないように、コヨーテに勝つためにしたことである。このようなことを動物たちは昔やっていた。

（三原）

◆コラム◆　中南米のコヨーテ

北米・中米の民間説話でもっとも活躍する野生動物はコヨーテである。コヨーテはイヌ科イヌ属に属し、狼に似ていて「アメリカ狼」と呼ばれることもあるが、狼より少し小型の野獣である。コヨーテの名称はメキシコでかつてアステカ王国を作っていたナワトル族の言葉コヨトルがスペイン語に入ったもので、英語でも同じように呼ばれる。しかし中米の先住民の言葉ではテグシと呼ぶ場合もあり、これがテグシガルパ（ホンジュラスの首都＝コヨーテの丘）の語源ともなっている。コヨーテは狼と同じく犬との間に繁殖能力のある混血を作れるほど犬とは近い仲間である。コヨーテほど、狩猟に長けた野獣はないとも言われ、人々の間で、多くの狡猾さをあらわす逸話が生まれた。狼より人間をおそれず、人間の近くに住んで残飯をあさったりする。病気その他の理由で仲間はずれになって、遠吠えしている「一匹コヨーテ」は人々のあわれみを引き、「コヨーテおじさん」が昔話の中で活躍することになった。

コヨーテ説話の分布はカナダ・アメリカからメキシコ、中米のニカラグア、コスタリカまでで、パナマにはすでになく、実際の棲息圏とほぼ一致している。先住民の神話伝説にも白人系の昔話にも広く登場する。説話上でのコヨーテの役割はスティス・トンプソンの『民間説話』によれば、トリックスターとしての活躍で、聖なる存在である文化英雄、抜け目のない狡猾者、愚か者の三つの役割を果たしていると述べているが、例えばアステカ族では創生神話の中で狡猾者のコヨーテが活躍する。

昔話の中でのコヨーテは他の地域の昔話の狐の役割を担い、その最大の対立者は狡猾者の「ウサギおじさん」であり、この場合、コヨーテは常に「愚か者」の立場をとる。この他、メキシコのオアハカ地方では昔話の中で狐、猿、羊、トラクアチエ（袋ネズミ）と対立し、ハリスコ州では狸や雄鶏とも対立し、米国ニューメキシコ州ではこの他、ロバ、ライオン、マムシ、犬とも対立し、米国西部のコマンチ族ではウサギや雄牛の他にプレイリードッグ、陸亀、七面鳥、ウズラとも対立する。これらの場合、狡猾者となる場合と愚か者になる場合がある点では、狼がほとんど愚か者に終始するのとは異なっている。メキシコのハリスコ州のコヨーテと豚の話を一つあげよう。

コヨーテが川岸で子豚を連れた母豚に会う。子豚を食うぞと言うと、母豚は食ってもいいが、まだ洗礼を受けていないから、せめて洗礼を受けてから食っておくれと言う。コヨーテは洗礼親になってやるから、早く洗礼を受けろと答える。コヨーテが川岸に並んだ子豚に水をかけているのを待っていると、母豚は体当たりして水の中にはめて、子豚を連れて逃げ出す。

「犬と狐」(第六章3)と同じタイプ(ATU101)の話では、コヨーテが主人に虐待されている老犬を助ける。飼主の信頼を回復した老犬は、喜んで、飼主の息子の結婚式の宴会にコヨーテ一家を招待する。コヨーテ一家は暖炉に隠れてご馳走を腹いっぱい食べるが、ワインを飲みすぎて遠吠えし、飼主に見つかって皆殺しにされ、老犬も殺される。

狼が物語の中では常に悪役に終始するのに対し、語り手はコヨーテにある種の悲哀を感じているようである。

(三原)

15　自分の娘と結婚したコヨーテ　マウンテン・アパッチ（アメリカ）

コヨーテは赤い房のついたベルトをしめ、七面鳥の羽で作った帽子をかぶっていた。帽子にはワシの羽も二本、飾りについている。

コヨーテは自分の娘と旅をしていたのだが、川を渡らなければならなくなったので、娘にドレスがぬれるよ、すそをちょっと持ちあげるといいよ、といった。娘はそのとおりにしたが、しばらくしてコヨーテはまた、もうちょっと持ちあげないとぬれてしまいそうだといい、娘はもう少し持ちあげた。

しかしコヨーテは、もう少し、もう少しをくり返したので、娘のへそが見えてしまった。ということは、見られてはいけないところまで見せてしまった。それを見てコヨーテは、なかなかかわいいじゃないかと思いながらキャンプまで帰りついた。

そのあとすぐに、コヨーテは病気になった。いや、病気のふりをした。さも悪いように横たわって、死ぬにちがいないと思わせた。たった一日のできごとだった。そして、妻にいった。

「おれは死にかけている。外でみんなが輪投げして遊んでいるけれど、むこうの端のほうに立っている若者が、実は娘の婿にしたかった男なんだ。おれが死んでしばらくしたら、この小屋をこわして、習わしどおり、おれの体のそばに赤い石を置いてくれ」

話しおわると死んだようにみせかけた。子どもたちは泣きだした。家族の者たちはいわれたとおり、小屋をこわしてその場から離れた。

コヨーテはすばやく飛び起き、小屋の下からはい出して、家族の者たちが遊んでいたところへ走っていき、若者がいたところに立っていると、みんながやってきた。母は娘にいった。

「ほら、おまえが結婚する人があそこにいるよ。行って、おまえたちが住む家を建てなさい」

それで二人は新しい小屋を建てて、その夜一緒に眠り、コヨーテは自分の娘と夫婦になった。

次の日、新妻がヤッカ（植物の名）で作ったせっけんで夫の体を洗おうとしたら、夫は、髪にノミがいるので、それもとってほしいとたのんだ。夫の頭のうしろにはホクロがある。新妻のひざに頭をのせてノミをとってもらっているうちに、眠ってしまった。

新妻はそのホクロを見て、これは父さんだと気がつき、目を覚まさせないよう、そっと身をはずして、母さんのいるキャンプへ走っていき、大声でいった。

「母さん、わたしが結婚した男は父さんよ！　頭のうしろのホクロに見おぼえがある」

「父さんはもう死んだはずです」

母はとてもおこって、大きな石をひとつ持って男の眠っているところへ走っていった。石を投げようとした寸前にコヨーテは飛び起きて、本当の妻にいった。

「なんだかわたしを見るのがお嫌なようですね、どうしたんですかお義母さん、いったいぜんたい何をしようとしてるんです？」

「あんたは死んでしまったはずだよ。なのに今、自分の娘と結婚しているなんて！さっさと出てお行き！」と、本当の妻はどなった。

コヨーテはそこを離れ、別のキャンプへ行くと、輪投げしていた者たちがいった。

「見ろ、自分の娘と結婚した男が来た」

コヨーテはきびすを返して別のキャンプへ行くと、そこでも「自分の娘と結婚した男だ」といわれ、今度はうんと遠いキャンプへ行ったけれど、またもや同じことをいわれた。

コヨーテは、いったい誰がみんなにいいふらしているんだろうと考えた。

そうだ、風だ！　あいつがおれのことをしゃべりまわったんだ、と気がつき、風が吹いている丘の上へ登ると、手をうしろにまわして、お尻の穴を指で広げた。風が体の中にふきこんだので穴を閉め、風を封じこめた。そして旅をつづけたけれど、他のキャンプではもう誰もうわさしなかった。

「風のやつが犯人だとわかっていたんだ」とコヨーテはひとりごとをいった。

（新開）

16　干し草の上の犬　ラトビア

羊が干し草をはみ、よだれをたらしてもぐもぐとやっていた。これを見ていた犬がねたましくなった。じーっと見続けているうちに、ぱっと干し草に飛び乗り、羊を追っぱらってしまった。

そこからねたみぶかい人のことを「干し草の上の犬」というようになった。自分じゃ食べないくせに羊にも食べさせないから。

（渡辺節子）

17 狼と羊飼い

ラトビア

森のはずれで羊飼いたちが羊の番をしていた。ところが狼が出てきて羊をさらっていくようになった。今日も一匹、明日も一匹、そうしてほとんどの羊をさらっていってしまった。

羊飼いたちはどうしたもんかと思案のあげく、ある天気のよい日、ヤマナラシの木を切るとバーニャ（蒸し風呂）をたて、狼を呼ばわった。

「おーい、狼、バーニャに入りたくはないかい？」

「何の薪でたきつけた？」

「ヤマナラシ」

「そいつは苦いからバーニャにゃ行かん」

羊飼いたちは白樺の薪でたきつけて、また呼ばわった。

「おーい、狼、バーニャに入りたくはないかい？」

「何の薪でたきつけた？」

「白樺だ」

「白樺は苦いからバーニャにゃ行かん」

羊飼いたちはトウヒの薪でたきつけて、狼を呼ばわった。

「おーい、狼、バーニャに入りたくはないかい?」

「何の薪でたきつけた?」

「トウヒの薪だ」

「そいつは苦いからバーニャにゃ行かん」

羊飼いたちはリンゴの木の薪でたきつけて、狼を呼ばわった。

「おーい、狼、バーニャに入りたくはないかい?」

「何の薪でたきつけた?」

「リンゴの薪だ」

「いい薪だ。バーニャに行くとしよう」そしてやってきた。

狼をバーニャの棚にのせると、羊飼いたちは湯気をたっぷり出して蒸しあげた。狼を半死半生まで蒸しておいてから、

「まだ羊さらいにくるのかい?」

「来ない、来ない!」狼はうなり声をあげた。

そこで狼を放してやった。

（渡辺節子）

18　フィドラーと狼　アイルランド

一人のフィドラー（ヴァイオリン弾き）が、アイルランドのウィックロウ州の森の中を歩いていた。このあたりは山深い地域で、狼が多く住んでいると言われていた。フィドラーは背中のナップサックに、近くの町でフィドルを弾いたお礼にもらったパンやチーズを入れていた。

もうずいぶん長い間歩いていてひどく疲れていたフィドラーは、大きな木の下でひと休みすることにした。ナップサックを開いて、食事の準備にとりかかった時、ふと目を上げると、ああ、おそろしや、大きな灰色の狼の群れが、こっそりと遠巻きに近づいて、腹をすかした眼をギラギラ光らせて、じっと見ているではないか。

狼の輪はどんどん小さくなっていく。フィドラーは身の危険を感じて、ナップサックの中のパンのかけらを投げた。しかし狼はそんなものは、あっという間に食べてしまうと、貪欲な目をギラつかせて、さらに近づいてくる。フィドラーはおびえながらナップサックの中に手をつっこんで、パンのかけらとチーズの皮を狼に向かって投げた。これもまたたく間に消えてしまった。狼たちは、フィドラーがその下に座っている木の周りを取り囲むように近づいてくる。口の端から舌がだらりと垂れ、よだれが顎《あご》をつたって落ちているのが見える。フィドラーがやつらの餌食になってしまうのは、時間の問題だ。

しかし、それでもフィドラーはなんとか生きのびる方法はないものかと、もう一度ナップサックに手をつっこむと、今度は大きなパンとチーズのかたまりを、近づいてくる狼に向かって投げつけた。しかし狼は、これもあっという間にたいらげて、相変わらずギラギラ光る眼で、フィドラーをにらんでいる。

フィドラーの額からは、汗が吹き出ている。それでもあきらめずに、なんとか助かる方法はないものか考えた。そして、最後のカードを引いたのだ。それはナップサックの奥深くしまっておいた、とっておきの鳥の丸焼きだった。だが、狼に食われてしまう今となっては、鳥の丸焼きなどとっておいても、なんの意味があるというのだろう。フィドラーは鳥の丸焼きを取り出すと、狼に向かって投げつけた。やつらが鳥の丸焼きを奪いあっている間に、もしかしたら、逃げられるかもしれないと思ったのだ。

しかし、鳥の丸焼きもまたたく間に消え、狼はどんどん近づいてくる。絶体絶命。もはや死を逃れられないことを知ったフィドラーは、疲れきった手を伸ばしてフィドルを取りあげると、弓を弦の上にすべらせて、別れの曲を弾きはじめた。

そのとたん、なんとしたことだろう、今まで近づいてきた狼の動きが突然止まったのだ。さらに弾き続けると、狼たちはくるりと向きを変え、いっせいに森の中へと走り去っていった。

フィドラーはこぶしを振りまわして、大声でやつらに向かって叫んだ。おいしいごちそうがすっかり空っぽになったナップサックを横目で見ながら。

「なんていまいましいやつらだ。おまえたちがおれのフィドルがそんなに好きだったとは。そうと知っていたら、食事の前に喜んで弾いてやったのに」

（渡辺洋子）

19　狼とハーモニカ　リトアニア

農奴権のあったころは、うちの生まれ部落ブリュカイからジウリス旦那の領地まで賦役に行ったもんだった。

ある時、村の人が、日暮れ方、もう暗くなっていて、領地からうちへもどってきた。シモネリスっていう人だけど、ハーモニカを持っていたのね。それで歩いているうちにドスン、と狼穴に落ちてしまった。落ちたら中に狼がいた。狼はお座りしてたんだけど、嚙みつこうって。シモネリスはハーモニカを吹きだした。すると狼はかかってこなくて、お座りのまんま、ウォーって吠えている。でも吹くのをやめるとまたかかってこようとする。しょうがないでしょ、一晩中吹き続けた。おかげで唇がはれあがってしまった。

朝、人々が穴をしらべにきて、狼とシモネリスをみつけた。まず狼を引き上げて、それからシモネリスを引き上げたけど、それ以来、シモネリスは「笛」ってあだ名がついたの。

ATU168（渡辺節子）

20　二匹の犬　モロッコ

昔、一匹の犬がいたが、主人の家で結婚式があった。市場に出かけて行って、いとこの犬に出あった。おしゃべりをはじめ、昔をなつかしんでいるうちに、最初の犬がいった。

「私の主人の家では今日は結婚式があるのだよ」

いとこの犬は、結婚式が行われるといううれしい知らせを聞くと、

「一緒に行ったら、あるいは結婚式の宴会でかじった残りの骨がもらえるかも知れないぞ」と心の中で思って、ついて行った。

主人の息子の結婚式が行われている家に入った。しかしなんと不幸なことか、下働きの男の一人がその犬を見て、棒でしたたか殴りつけ、骨を折った上、道に放りなげた。

犬は長い間、道で気を失って倒れていた。気がついた時にはたくさんの犬に取り囲まれていて、

「手間をかけないでいいことをしようとする者は、すぐに後悔するものだ」と言って、みんなはその犬を笑った。

（三原）

21　賢い牧羊犬　オーストラリア

クイーンズランドの田舎パブで牧羊犬が話題にのぼっていた。自慢屋の羊飼いが言った。

「あそこの犬、わしの犬は本当にすばらしい。なんでもやってくれる。牛を誘導するし、ウサギを追っぱらうし、郵便局で手紙を受けとるし、羊を柵に入れてくれるし。そうさ、何でもできるのさ」

話し相手になっていた客人が言った。

「そんなにすごい犬なのか。ならこっちに呼べよ。ビールをおごるぜ」

「ありがとよ、兄弟。けど、そいつはできない相談だな。やつはおれを連れ帰るためにあそこでおれを見張ってるのさ」と羊飼いは言った。

（原田）

22 虎とバラモンとジャッカル　インド

　昔々のこと、一頭の虎が罠にかかった。虎は檻から出ようとしていろいろ苦労したが、失敗に終わって、怒りと悲しみで転げまわり、歯がみした。

　そのときたまたま、一人の貧しいバラモン(1)がそこを通りかかった。

「この檻からわたしを出してください、慈悲ぶかい方！」と虎はさけんだ。

「だめだよ、虎くん。そうしたら、おまえはきっとわたしを食べるだろうからね」とバラモンはおだやかに答えた。

「とんでもない！　それどころか、わたしはあなたに感謝しつづけ、しもべとしてお仕えしますとも！」と虎はきっぱりと言った。

　さて、虎がすすり泣き、嘆き、涙を流し、誓ったので、あわれみ深いバラモンはかわいそうになって、檻の扉を開けることを承知した。

　外へ飛び出すと、虎は気の毒な男をひっつかまえ、さけんだ。

「大ばか者が！　きさまを食わないでいられるものか。こんなに長い間閉じこめられて、ひどく腹が減っているんだからな！」

バラモンは命乞いをしたが無駄だった。バラモンにできたことは、最初に選んだ三つのものに、虎のやり方が正しいかどうかたずねてみて、その決定にしたがう、という約束を取りつけることだけだった。

そこでバラモンはまず、菩提樹《ぼだいじゅ》にこの問題をたずねてみた。すると、木はすげなく言った。

「あんたは何で文句を言っているんだね？　わたしはここを通り過ぎるものには誰にでも日陰と雨よけになっているが、やつらときたらお返しに、わたしの枝を折って牛の餌にするんだよ。ぶつくさ言うんじゃないよ」

バラモンは悲しみながら、水牛が水くみ車を回しているところまでやってきた。しかし、水牛からもいい答えはもらえなかった。水牛はこう言った。

「感謝されると思うなんて、あんたはばかじゃないかい？　わたしをごらん。ミルクを出していた間は、人間はわたしに綿の実や油粕を食べさせてくれたものさ。ところが、わたしがミルクを出さなくなると、今度はくびきをかけて、ろくに食べ物もくれないんだから！」

バラモンはもっと悲しくなって、道に意見をたずねてみた。

「なんといってもね、何かを期待するということが愚かしいね。わたしはここにいて、みんなの役に立っているが、金持ちであれ、貧乏人であれ、大物だろうが小物だろうが、わたしを踏みつけて通り過ぎるだけ。タバコの灰や籾殻以外に何をくれるわけでなし」と道は答えた。

バラモンが悲しみにくれながらもどっていくと、途中でジャッカルに出あった。ジャッカルはバラモンに話しかけた。

「バラモンさん、いったいどうしたんです？　水から上がった魚のように元気がないけど」

そこでバラモンはジャッカルに、起こったことを話して聞かせた。

「なんて変てこなんだろう！」とジャッカルは一部始終を聞くとさけんだ。そして、「すまないけど、もう一回話してくれますか？　なにもかも、こんがらがってしまって」と言った。

バラモンはもう一回、すっかり話して聞かせた。ところがジャッカルは混乱し、ちっとも理解できないと頭をふった。

「なんとも奇妙だね」とジャッカルは悲しそうに言った。「なにもかも、一方の耳から入ったとたん、反対の耳から出て行くみたいだ。どれ、事が起こった場所に行ってみよう。そうすれば、判断がつくというものでしょうからね」

そうしてバラモンとジャッカルは、檻のところへもどってきた。そのそばで、虎が牙と爪を研ぎながらバラモンを待っていた。

「おそかったじゃないか！」とこの恐ろしい獣は吠えた。「さあ、お食事を始めよう！」

「お食事だって！　恐ろしいことを、なんて上品そうに言うんだろう！」とかわいそうなバラモンは考えただけで、恐ろしさでひざが震えた。

「少しだけお待ちくださいい、虎さま。ここにおりますジャッカルに、事の次第を説明させてくださいい。なにしろ物わかりが悪いもので」とバラモンは虎に懇願した。

虎が許したので、バラモンはもう一回、すっかり、どんな小さなことも落とさずにできる限りくわしく、起こったことのすべてを話した。

「やれやれ、このあわれな頭ときたら」とジャッカルはさけんで、前足で頭を抱えた。「わからないんですがね。いったいどんなふうに始まったんです？　あなたが檻の中にいて、そこへ虎がやって来て……」

「へっ」と虎がさえぎった。「なんてばかなんだ。おれが檻の中にいたんだよ」

「もちろんですよね！」とジャッカルは怖がって震えるようにして言った。

「そうですとも！　わたしが檻にいて……いやいや、わたしじゃない。やれやれ、わたしの知恵はどこにいったんだ？　さてと、虎はバラモンの中にいて、檻が通りかかって……、いや、どっちでもないぞ。えっと、もうわたしのことは気にしないでください。お食事を始めてください。わたしはどうやら、ぜったいにわかりそうにない！」

「わからせてやるぞ！」と虎はジャッカルのわかりの悪さに怒り狂って言った。「おれが、おまえにわからせてやる！　見ろ！　おれは虎だ！」

「その通りで」

「そしてそいつがバラモンだ」

「その通りで」

「そしてそれが檻だ」

「その通りで」

「そしておれは檻の中にいた。わかったか？」

「はい……、いいえ。どうか、虎さま……」

「何だ？」と虎はせっかちにさけんだ。

「あのですね。どんなふうに入っていたので？」

「どんな、だと！　入っているときに入っているように、だ」

「ああ、まったく、わたしの頭ときたら、またこんがらがってきました。どうか、お怒りにならないでください。ふつう、入っている、とはどんなことなのですか？」

このとき、虎は忍耐を失い、檻に飛びこんでさけんだ。

「この通りだ！　わかったか？」

「もうすっかり」とジャッカルはにんまりと笑って言った。そしてすぐさま扉を閉めてしまった。

「そして言わせてもらうならば、この一件は、そのままにしておきましょう」

ATU155（難波）

（1）　バラモンはカースト制度の最上位に属し、インドの伝統宗教の司祭となることができる階級に属する人。しかし、必ずしも豊かとはかぎらず、昔話では、貧しいバラモンがしばしば登場する。

出典

（書名のあとの数字は、章–話番号）

アメリカ

Brunchac, Joseph: *Native American Animal Stories*. Golden, 1992.　2–16

Erdoes, Richard and Ortiz, Alfonso: *American Indian Trickster Tales*. New York, 1987.　1–1

Feldman, Susan: *The Story Telling Stone*. New York, 1972.　1–5

Goodwin, Grenville: *Myths and Tales of the White Mountain Apache*. Tucson, 1994.　6–15

Smith, David Lee: *Folklore of the Winnebago Tribe*. Norman, 1997.　5–12

Young, Richard and Judy: *Race with Buffalo and Other Native American Stories for Young Readers*. Little Rock, 1994.　6–13

メキシコ

Preuss, Konrad T. : *Mitos y cuentos nahuas de la Sierra Madre Occidental.* México D. F: Instituto Nacional Indigenista, 1982. 1–4
Scheffler, Lilián: *Cuentos y leyendas de México, Tradición oral de grupos indígenas y mestizos.* México D. F: Panorama Editorial, 1982. 6–4
Trías, Albino Mares. *Jenu Ru'ichu Rulúmuli Alué 'Ya Muchígame Chiquime Níliga (Aquí relata la gente de antes lo que pasaba en su tiempo).* México D. F: Instituto Lingüístico de Verano de México, 1975. 6–14

ベネズエラ
Paz, Ramón: *Mitos, leyendas y cuentos guajiros.* Caracas: Instituto Agrario Nacional, 1972. 2–12

ブラジル
de Almeida, Aluísio: *Contos Populares do Planoalto, São Paulo*, Prefeitura de São Paulo, 1952. 6–12
de Almeida, Vieira e de Câmara Cascudo, Luís: *Grande Fabulário de Portugal e do Brasil*, Lisboa, Fólio: Edições Artísticas Ltda. 1965. 6–11

アイルランド

Curran, Bob: *Banshees, Beasts and Brides from the Sea, Irish Tales of the Supernatural.* Appletree Press, 1996. 6–18

O Muirithe, Diarmaid & Nuttall, Deirdre (editors): *Folklore of County Wexford.* Four Courts Press, 1999. (original source: IFC 600: 275–7) 3–9

イギリス

Addy, Sidney Oldall: *Household Tales with other Traditional Remains.* London, 1895. Reprint. *Folk Tales and Superstitions.* Wakefield, 1973. 4–7

Campbell, John Gregorson: *Superstitions of the Highlands and Islands of Scotland.* Glasgow: James MacLehose and Sons, 1900. 3–12 5–10

Hare, Augustus: *In My Solitary Life.* London: George Allen and Unwin, 1953. 3–10 5–11

Hole, Christina: *English Folk-Lore.* London: B. T. Batsford, 1940. 3–2

MacDougall, James (collected) and Calder, George (ed.): *Folk Tales and Fairy Lore.* Edinburgh: John Grant, 1910. 5–19

Owen, Elias: *Welsh Folk-Lore, A Collection of the Folk-Tales and Legends of the North Wales.* Oswestry and Wrexham: Woodall, 1887. Reprint. Norwood Editions, 1977. 3–

8, 11
Udal, John Symonds: *Dorsetshire Folk-Lore*. Dorset Books, 1898.　3–17

フランス

Guilaine, Jean. *Récits et contes populaires du Languedoc (2)*, Gallimard, 1978.　6–5
Luzel, F. M.: *Contes populaires de Basse-Bretagne*, Tome II, 1887.　4–9
Robert, Catherine et Valère, Michel: *Récits et contes populaires du Poitou (1)*, Gallimard, 1979.　2–6　6–1
Rolland, Eugène: *Faunes populaires de la France*, Tome IV, 1967.　4–6

ポルトガル

de Oliveira, Ataíde: *Contos Tradicionais do Algarve* V.I, Coimbra, Tavira, 1900.　2–4, 7　5–13

イタリア

Ferretti, Roberto: *Fiabe e leggende*. Editori del Grifo, 1986.　2–8
Piersanti, Claudio: *Fiabe molisane*. Milano, 1990.　6–6

ドイツ語圏（ドイツ、スイス、チェコ）

Baader, Bernhard: *Volkssagen aus dem Lande Baden*. Reprint d. Ausg. Karlsruhe: 1851. Hildesheim[u.a.]: Olms, 1978. 3–3

Bartsch, Karl: *Sagen, Märchen und Gebräuche aus Mecklenburg*. Reprint d. Ausg. Wien: 1879. Hildesheim[u.a.]: Olms, 1978. 3–13, 14, 22

Curtze, Louis: *Volksüberlieferungen aus dem Fürstenthum Waldeck*. Arolsen: 1860. herausgegeben und eingeleitet von Gerhard Menk. Bad Arolsen: Waldeckischer Geschichtsverein, 2002. 3–21

Grässe, Johann G. T. : *Der Sagenschatz des Königreichs Sachen*. Dresden: 1874. In: Uther, Hans-Jörg (Hg.): *Deutsche Märchen und Sagen*. (CD-Rom) 5–15

Henssen, Gottfried: *Volksmärchen aus Rheinland und Westfalen*. Reprint d. Ausg. Wuppertal-Elberfeld: 1932. Hildesheim[u.a.]: Olms, 1981. 5–5

Jecklin, Dietrich: *Volkstümliches aus Graubünden I. Theil*. Reprint d. Ausg. Zürich: 1874. Zürich: Olms, 1986. 5–9

Jungbauer, Gustav: *Das Volk erzählt, Sudetendeutsche Sagen, Märchen und Aberglaubische Gebräuche*. Graz: 1880. 3–6, 20

Kosch, Marie: *Deutsche Volksmärchen aus Mähren*. Beigebunden ist: *Sagen aus der Iglauer Sprachinsel*. / Altrichter, Anton, Reprint d. Ausg. Kremisier 1899 u. Iglau 1920.

Hildesheim[u.a.]: Olms, 1988.　3–1, 5

Müllenhoff, Karl: *Sagen. Märchen und Lieder der Herzogtümer Schleswig, Holstein und Lauenburg*. Neue Ausg. von Otto Mensing. 1921. Neudruck. Kiel: Bernd Schramm, 1985.　3–23

Petzoldt, Leander (Hg.): *Deutsche Volkssagen*. München: C. H. Beck, 1978.　3–4

Peuckert, Will-Erich (Hg.): *Deutsche Sagen I*. Berlin: Erich Schmidt, 1961.　3–7　5–16, 17

Schambach, G. u. Müller, W: *Niedersächsische Sagen und Märchen*. Stuttgart: W. Kohlhammer, 1948.　2–10　3–15, 24

Strackerjan, Ludwig: *Aberglaube und Sagen aus dem Herzogtum Oldenburg*. Oldenburg: 1868.　6–3

Veckenstedt, Edm.: *Wendische Sagen, Märchen und Abergläubische Gebräuche*, Graz: Leuschner & Lubensky, 1880.　2–9

ブルガリア

Каралийчев, Ангел: *Български народни приказки*. Софпя, 1960.　5–8

リトアニア

Белюс, Н.: *Цветок иаиоротника*. Вилнюс. 1989.　3–16　4–3　5–18　6–19

ラトビア

Арайск, К.: *Латыские народные сказки*. Рига. 1965.　2–11　6–9, 16, 17

ロシア

Афанасьеф, А ,: *нароные русские сказки А. Н, Афанасьва в трех томах*. 1957.　4–1

Зеленин, К ,: *Великорусские сказки пермской губерни.Записи РОГ*. 1914.　4–4

Каргаполов, Н. С.: *Сибирские сказки. Записаны И. С. Коровкиным отА. С. Кожемякиной*. Новосибирск. 1973.　5–4

Кавакова, Г. И,: Адам и Ева. *В журнале "Живая старина"* No2, 1999.　1–6

ウクライナ

Березовский, П.: *Казки про тварин*. Киев. 1976.　6–8

ネパール

Sharma, Nagendra: *Folk Tales of Nepal*, New Delhi, 1976.　5–6

インド

Crooke, William & Pandit Ram Gharib Chaube: *North Indian Notes & Queries*, London, 5th volume, 1896, reprint Naithani, Sadhana (ed.): *Folktales from Northern India*, Santa Barbara, 2002.　3–19

Day, L. B.: *Folk Tales of Bengal*, London, 1883, reprint New Delhi, 2000.　5–2

Steel, Flora Annie: *Folk Tales of the Punjab, Told by the People*, London, 1894, reprint New Delhi, 2000.　6–22

Swynnerton, Charles: *Romantic Tales from the Panjâb with Inidian Nights' Entertainment*, London, 1908, reprint New Delhi, 2004.　6–10

中国

浙江省民間文学集成『金華市故事巻』中国民間文藝出版社1989　3–18

中国少数民族民間文学叢書・故事大系『錫伯族民間故事選』上海文藝出版社1991　2–2, 3　5–1

中国少数民族民間文学叢書・故事大系『普米族民間故事選』上海文藝出版社1994　1–2, 3　2–13, 15　5–7

中国少数民族民間文学叢書・故事大系『怒族独龍族民間故事選』上海文藝出版社1994　2–5

中国民間故事集成『吉林巻』中国文連出版公司1992　2–1, 14　4–5

韓国

任晳宰編『任晳宰全集5・韓国口伝説話』1989　편민사　京畿道　4–2

任晳宰編『任晳宰全集7・韓国口伝説話』1990　편민사　全羅北道　5–3

任晳宰編『任晳宰全集10・韓国口伝説話』1993　편민사　慶尚南道　5–14

モロッコ

Haquim, Mohammad ibn Azzuz: *Cuentos populares marroquíes 1 Cuentos de animales.* Madrid, Consejo Superior de Investigaciones científicas. 1954.　6–7, 20

アンゴラ

de Almeida, Vieira e de Camara Cascudo, Luís: *Grande Fabulário de Portugal e do Brasil,* Lisboa, Fóli: Edições Artísticas Ltda. 1965.　6–2

オーストラリア

Wannan, Bill: *Australian Folklore: A Dictionary of Lore, Legends, and Popular Allusions / compiled by W. Fearn-Wannan (Bill Wannan).* Lansdowne, 1970.　6–21

執筆者紹介

☆は編集委員

☆岩倉　千春（いわくら　ちはる）
イギリス、アイルランドの民話研究。共訳書に『アイルランド　民話の旅』（三弥井書店）、『世界昔ばなし』、共著書に『決定版　世界の民話事典』（以上講談社）など。

岩瀬　ひさみ（いわせ　ひさみ）
スコットランド、ゲール語圏民話研究。共訳書に『世界の龍の話』（三弥井書店）、論文に「ゲール語圏の白雪姫の類話（AT709）」（『昔話と呪物・呪宝』昔話―研究と資料―第25号）など。

剣持　弘子（けんもち　ひろこ）
日伊の民話研究。編訳書に『クリン王・イタリアの昔ばなし』（小峰書店）、『イタリアの昔話』（三弥井書店）、『子どもに語るイタリアの昔話』（こぐま社）など。

紺野　愛子（こんの　あいこ）
ブラジル・ポルトガル民話研究。本書『世界の犬の民話』で外国民話研究会の企画に初参加。

桜井　由美子（さくらい　ゆみこ）

フランスと日本の民話研究。論文に「昔話の中の娘たち――フランスのことわざを手がかりに――」「『継子の栗拾い』考―AT480の視座から―」、共編に「奈良県橿原市・耳成の民話（上）（下）」など。

志賀　雪湖（しが　せつこ）

アイヌ語アイヌ文学研究。共訳書に『世界昔ばなし』（講談社）、論文に「遠島タネ媼の伝承――亮昌寺アイヌ語音声資料」（『アイヌ民族博物館研究報告』第四号）など。

新開　禎子（しんかい　よしこ）

アメリカ先住民の民話、教育人類学研究。

☆杉本　栄子（すぎもと　えいこ）

ドイツ語圏と日本の民話研究。共訳書に『世界の昔ばなし』、共著書に『決定版　世界の民話事典』『決定版　日本の民話事典』（以上講談社）、『遠野物語小事典』（ぎょうせい）など。

☆高津　美保子（たかつ　みほこ）

ドイツ語圏と日本の民話研究。『檜原の民話』（国土社）、絵本『白雪姫』（ほるぷ出版）共著書に『ピアスの白い糸』（白水社）、『決定版世界の民話事典』『世界の昔ばなし』（講談社）。

☆辻井　一美（つじい　ひとみ）

韓国の民話研究。論文に「日・韓の民話に見る製鉄王と鍛冶屋の葛藤に関する比較研究――『猿蟹合戦』と『虎とお婆さん』を中心に」（『児童文学思想』）。

難波　美和子（なんば　みわこ）

インドの昔話、インドの民俗学研究と植民地支配の関係、イギリス文学におけるインド・イメージの形成などを研究。論文に「Nabobとは誰か？　18–19世紀アングロ・インディアンの肖像をめぐって」（熊本県立大学文学部紀要）。

新倉　朗子（にいくら　あきこ）
フランス民話・児童文学研究。編訳書に『完訳　ペロー童話集』『フランス民話集』（岩波文庫）、『フランスの昔話』（大修館書店）など。

橋本　嘉那子（はしもと　かなこ）
ドイツ、オーストリア民話研究。論文に「三つの赤ずきん――先行研究の検証と類話の比較分析――」、「警告昔話――昔話と伝説の間――」、「『いばら姫』から『十二人の兄弟』まで――グリムの魔法昔話の中の女性とフェミニズム批評」など。

馬場　英子（ばば　えいこ）
中国民話研究。『中国昔話集』1，2（平凡社東洋文庫）、『世界昔ばなし』下（講談社文庫）、『北京のわらべ唄』1，2（研文出版）いずれも共編訳。

原田　聖子（はらだ　せいこ）
オーストラリア・アボリジニ研究。本書『世界の犬の民話』で外国民話研究会の企画に初参加。最近アボリジニ語の言語のひとつ、ワールピリ語の学習を始める。

星野　瑞子（ほしの　みずこ）
ドイツ・オーストリア民話研究。共訳書に『世界昔ばなし』、共著書に『決定版　世界の民話事典』（以上講談社）、論文・翻訳に「ドイツの小人たち」（民話の手帖）など。
本多　守（ほんだ　まもる）
ベトナム少数民族人類学研究。論文に「ベトナム中南部少数民族の説話の分析（1，2）」―（『白山人類学7，8』）、翻訳書に『ラグライの昔話』（岩田書院）、『ヴェトナム少数民族の神話』（明石書店）など。
前田　式子（まえだ　のりこ）
インドの民話研究。翻訳書に『マハーバーラターサーヴィトリー物語』（筑摩書房）、共著に『インドの昔話　上』（春秋社）など。
三倉　智子（みくら　さとこ）
日本民俗学、口承文芸を専攻。比較研究のために中国語を学ぶ。『世界の花と草木の民話』（三弥井書店）共訳。
三原　幸久（みはら　ゆきひさ）
スペイン語を中心とした昔話の国際比較研究。『スペインの昔話』（三弥井書店）、『ラテン・アメリカの昔話』（岩崎美術社）など多数。
八百板　洋子（やおいた　ようこ）
ブルガリア・マケドニア文学研究。翻訳書に『ふたつの情念』（新読書社・第13回日本翻訳文化賞特別賞）、『吸血鬼の花よめ』（福音館書店・第33回日本翻訳文化賞）など。
☆渡辺　節子（わたなべ　せつこ）

ロシア民話研究。編訳書に『ロシアの民話』(恒文社)、『ロシア民衆の口承文芸』『ロシアの昔話を伝えた人々』(ワークショップ80)など。

渡辺　洋子（わたなべ　ようこ）

アイルランド伝承文学研究。アイルランド語を学ぶ。『子どもに語るアイルランドの昔話』(こぐま社)、『アイルランド　民話の旅』(三弥井書店)、いずれも共編訳。

本書は二〇〇九年十月、三弥井書店より刊行された。

世界の猫の民話

日本民話の会
外国民話研究会編訳

カワイイだけの動物じゃない！ 悪魔的な力を持つと信じられ高い知性と自尊心で人間を翻弄する猫にまつわる伝説・昔話を世界各地から集成した一冊。

完訳 グリム童話集（全7巻）

野村泫訳

改訂を重ねたグリム童話の決定版第七版を完訳。お馴染みの物語から知られざる名作まで全211篇。ドイツ国立図書館蔵のカラー図版多数収録。

ギリシア神話

串田孫一

ゼウスやエロス、プシュケやアプロディテなど、人間くさい神々をめぐる複雑なドラマを、わかりやすく綴った若い人たちへの入門書。

妖精の女王（全4巻・分売不可）

エドマンド・スペンサー
和田勇一／福田昇八訳

16世紀半ばの英国の詩人スペンサーの代表作。「アーサー王物語」をベースとして、6人の騎士が竜退治や姫君救出に活躍する波乱万丈の冒険譚。

ギリシア・ローマの神話

吉田敦彦

欧米の文化を生みだし、発展させてきた、重要な原動力の一つである神話集。人間くさい神たちと英雄たちの、恋と冒険のドラマ。（松村一男）

ケルトの神話

井村君江

古代ヨーロッパの先住民族ケルト人が伝え残した幻想的な神話の数々。目に見えない世界を信じ、妖精たちと交流するふしぎな民族の源をたどる。

ケルト妖精物語

W・B・イエイツ編
井村君江編訳

群れなす妖精もいれば一人暮らしの妖精もいる。不思議な世界の住人達がいきいきと甦る。イエイツが贈るアイルランドの妖精譚の数々。

妖怪・妖精譚
小泉八雲コレクション

小泉八雲
池田雅之編訳

ハーンの語り部としての才能が発揮された再話の代表作53篇。素朴さと雅趣を活かした再話文体に配慮した個人新訳。妻節子の「思い出の記」付。

バートン版
千夜一夜物語（全11巻）

大場正史訳
古沢岩美・絵

めくるめく愛と官能に彩られたアラビアの華麗な物語――奇想天外の面白さ、世界最大の奇書の名訳による決定版。鬼才・古沢岩美の甘美な挿絵付。

私の猫たち許してほしい

佐野洋子

少女時代を過ごした北京。リトグラフを学んだベルリン。猫との奇妙なふれあい。著者のおいたちと日常をオムニバス風につづる。（高橋直子）

東京ねこ景色　橘蓮二
世田谷の路地、谷中の墓上、円山町ホテル街の狭間……ヒトを見つめつつ東京を闊歩するねこたちのベスト・ショット写真集。（立川談春）

キャッツ　T・S・エリオット　池田雅之訳
劇団四季の超ロングラン・ミュージカルの原作新訳版。あまのじゃく猫におちゃめ猫、猫の犯罪王に鉄道猫。15の物語とカラーさしえ14枚入り。

ブルース・キャット　岩合光昭
どこにいてもネコは自由！　地中海の埠頭やイタリア古都の路地からガラパゴス諸島まで、世界各地の街で出会ったネコたちの、とびきり幸せな写真集。

ボサノバ・ドッグ　岩合光昭
そこにイヌがいるだけで光が変わる！　東アフリカの遊牧民、スリランカの僧院から極北の犬橇まで、ヒトと共に暮らすイヌたちの写真集。（糸井重里）

動物農場　ジョージ・オーウェル　開高健訳
自由と平等を旗印に、いつのまにか全体主義や恐怖政治が社会を覆っていく様を痛烈に描き出す。『一九八四年』と並ぶG・オーウェルの代表作。

世界幻想文学大全　幻想文学入門　東雅夫編著
幻想文学のすべてがわかるガイドブック。澁澤龍彥、中井英夫、カイヨワ等の幻想文学案内のエッセイも収録し、資料も充実。初心者も通も楽しめる。

世界幻想文学大全　怪奇小説精華　東雅夫編
ルキアノスから、デフォー、メリメ、ゴーチエ、ゴーゴリ……時代を超えたベスト・オブ・ベスト。岡本綺堂、芥川龍之介等の名訳も読みどころ。

世界幻想文学大全　幻想小説神髄　東雅夫編
ノヴァーリス、リラダン、マッケン、ボルヘス……時代を超えたベスト・オブ・ベスト。松村みね子、堀口大學、窪田般彌等の名訳も読みどころ。

柳花叢書　山海評判記／オシラ神の話　泉鏡花／柳田國男　東雅夫編
泉鏡花の気宇壮大にして謎めいた長篇傑作とそのアイディアの元となった柳田國男のオシラ神研究論考を網羅して一冊に。小村雪岱の挿絵が花を添える。

日本幻想文学大全　幻妖の水脈　東雅夫編
『源氏物語』から小泉八雲、泉鏡花、江戸川乱歩、都筑道夫……。妖しさ蠢く日本幻想文学、ボリューム満点のオールタイムベスト。

日本幻想文学大全
幻視の系譜
東雅夫 編
世阿弥の謡曲から、小川未明、夢野久作、宮沢賢治、中島敦、吉村昭……。幻視の閃きに満ちた日本幻想文学の逸品を集めたベスト・オブ・ベスト。

日本幻想文学大全
日本幻想文学事典
東雅夫
日本の怪奇幻想文学を代表する作家と主要な作品を、第一人者の解説と共に網羅する空前のレファレンス・ブック。初心者からマニアまで必携！

柳花叢書
河童のお弟子
泉鏡花／柳田國男／芥川龍之介
東雅夫 編
大正・昭和の怪談シーンを牽引し、「おばけずき」師弟でもあった鏡花・柳田・芥川。それぞれの〈河童〉作品を集めた前代未聞のアンソロジー。

文豪怪談傑作選
吉屋信子集
吉屋信子
東雅夫 編
少女小説の大家は怪奇幻想短篇小説の名手でもあった。闇に翻弄される人の心理を鮮やかに美しく描きだす異色の怪談集。文庫未収録を多数収録。

文豪怪談傑作選
柳田國男集
柳田國男
東雅夫 編
日本にはかつてたくさんの妖怪が生きていた。各地に伝わる怪しの者たちの痕跡を丹念にたどった柳田民俗学のエッセンスを1冊に。遠野物語ほか。

文豪怪談傑作選
三島由紀夫集
三島由紀夫
東雅夫 編
川端康成を師と仰ぎ澁澤龍彦や中井英夫の「兄貴分」であった三島の、怪奇幻想作品集成。「英霊の聲」ほか怪談入門に必読の批評エッセイも収録。

文豪怪談傑作選
室生犀星集
室生犀星
東雅夫 編
失った幼子への想い、妻への鬱屈した思い、幻惑される都市の暗闇……すべてが幻想恐怖譚に結実する。身震いするほどの名作を集めた珠玉の一冊。

文豪怪談傑作選・特別篇
鏡花百物語集
泉鏡花
東雅夫 編
大正年間、泉鏡花肝煎りで名だたる文人が集まって行われた怪談会。都新聞で人々の耳目を集めた怪談会の記録と、そこから生まれた作品を一冊に。

文豪怪談傑作選
太宰治集
太宰治
東雅夫 編
祖母の影響で子供の頃から怪談好きだった太宰治。表題作「哀蚊」や「魚服記」はじめ、本当は恐ろしい幽暗な神髄を一冊にまとめる。

文豪怪談傑作選
折口信夫集
折口信夫
東雅夫 編
神と死者の声をひたすら聞き続けた折口信夫の怪談アンソロジー。物怪たちが跋扈活躍する「稲生物怪録」を皮切りに日本の根の國からの声が集結。

文豪怪談傑作選
芥川龍之介集
芥川龍之介
東雅夫編
和漢洋の古典教養を背景にした芥川の怪談は、まさに文豪の名に相応しい名作揃い。江戸両国ものを中心にマニア垂涎の断章も網羅した一巻本。

文豪怪談傑作選
幸田露伴集
幸田露伴
東雅夫編
鏡花と双璧をなす幻想文学の大家露伴。神仙思想に通じ男性的な筆致で描かれる奇想天外な物語は圧巻。澁澤、種村の心酔した世界を一冊に纏める。

文豪怪談傑作選・明治篇
夢魔は蠢く
東雅夫編
近代文学の曙、文豪たちは怪談に惹かれた。夏目漱石「夢十夜」はじめ、正岡子規、小泉八雲、水野葉舟らが文学の極北を求めて描いた傑作短篇を集める。

文豪怪談傑作選・大正篇
妖魅は戯る
東雅夫編
文化の華開いた時代、文豪たちは怪奇な夢を見た。鈴木三重吉、中勘助、内田百閒、寺田寅彦、そして志賀直哉。人智の裏、自然の恐怖と美を描く。

文豪怪談傑作選・昭和篇
女霊は誘う
東雅夫編
戦争へと駆け抜けていく時代に華開いた頽廃の香り漂う名作怪談。永井荷風、豊島与志雄、伊藤整、久生十蘭、原民喜。文豪たちの魂の叫びが結実する。

生きもののおきて
岩合光昭
アフリカ・サバンナ草原に繰り広げられる野生動物たちの厳しくも美しい姿を、カラー写真60点と瑞々しい文章で綴る。

クマにあったらどうするか
姉崎等
片山龍峯
「クマは師匠」と語り遺した狩人が、アイヌ民族の知恵と自身の経験から導き出した超実践クマ対処法。クマと人間の共存する形が見えてくる。（遠藤ケイ）

名短篇、ここにあり
北村薫
宮部みゆき編
読み巧者の二人の議論沸騰し、選びぬかれたお薦め小説12篇。となりの宇宙人／冷たい仕事／隠し芸の男／少女架刑／あしたの夕刊／網／誤訳ほか。

グリム童話（上）
池内紀訳
「狼と七ひきの子やぎ」「ヘンゼルとグレーテル」「灰かぶり姫」「赤ずきん」「ブレーメンの音楽隊」、新訳「コルベス氏」等32篇。新鮮な名訳が魅力だ。

グリム童話（下）
池内紀訳
「いばら姫」「白雪姫」「水のみ百姓」「きつねと猫」などに「すすまみれ悪魔の弟」など新訳6篇を加え34篇を歯切れのよい名訳で贈る。

オーランドー
ヴァージニア・ウルフ　杉山洋子訳
エリザベス女王お気に入りの美少年オーランドー、ある日目をさますと女になっていた——4世紀を駆ける万華鏡ファンタジー。（小谷真理）

不思議の国のアリス
ルイス・キャロル　柳瀬尚紀訳
おなじみキャロルの傑作。子どもむけにおもねらず、ことば遊びを含んだ、透明感のある物語を原作の香気そのままに日本語に翻訳。（楠田枝里子）

猫語の教科書
ポール・ギャリコ　灰島かり訳
ある日、編集者の許に不思議な原稿が届けられた。それはなんと、猫が書いた猫のための「人間のしつけ方」の教科書だった……!?（大島弓子）

クラウド・コレクター〈手帖版〉
クラフト・エヴィング商會
得体の知れない機械、奇妙な譜面や小箱、酒の空壜……。不思議な国アゾットへの驚くべき旅行記。単行本版に加筆、イラスト満載の〈手帖版〉。

すぐそこの遠い場所
クラフト・エヴィング商會　坂本真典・写真
遊星オペラ劇場、星屑膏薬、夕方だけに走る小列車、雲母の本……。茫洋とした霧の中にあるような、懐かしい国アゾットの、永遠に未完の事典。

ケルトの薄明
W・B・イエイツ　井村君江訳
無限なものへの憧れ。ケルトの哀しみ。イエイツ自身が実際に見たり聞いたりした、妖しくも美しい話ばかり40篇。（訳し下ろし）

ケルトの白馬／ケルトとローマの息子
ローズマリー・サトクリフ　灰島かり訳
ブリテン・ケルトもの歴史ファンタジーの第一人者による珠玉の少年譚。実在の白馬の遺跡をモチーフにした代表作ほか一作。（荻原規子）

炎の戦士クーフリン／黄金の騎士フィン・マックール
ローズマリー・サトクリフ　灰島かり／金原瑞人／久慈美貴訳
神々と妖精が生きていた時代の物語。かつてエリンと言われた古アイルランドを舞台に、ケルト神話に名高いふたりの英雄譚を1冊に。（井辻朱美）

火星の笛吹き
レイ・ブラッドベリ　仁賀克雄訳
本邦初訳の処女作「ホラーボッケンのジレンマ」を含む、若きブラッドベリの初期スペース・ファンタジーの傑作20篇を収録。（服部まゆみ）

クマのプーさんエチケット・ブック
A・A・ミルン　高橋早苗訳
『クマのプーさん』の名場面とともに、プーが教えるマナーとは？　思わず吹き出してしまいそうな可愛らしい教えたっぷりの本。（浅生ハルミン）

別世界物語（全3巻・分売不可）
C・S・ルイス
中村妙子他訳
香気あふれる神学的SFファンタジー。マラカンドラ（沈黙の惑星を離れて）、ペレランドラ（金星への旅）、サルカンドラ（かの忌わしき砦）。

絵本ジョン・レノンセンス
ジョン・レノン
片岡義男／加藤直訳
ビートルズの天才詩人による詩とミニストーリーと絵。言葉遊び、ユーモア、風刺に満ちたファンタジー。原文付。序文＝P・マッカートニー。

源氏物語（全6巻）
大塚ひかり全訳
現代と同じ愛の悩みや病理を抱える登場人物たちがリアリティをもって迫る。物語の真髄に迫るナビゲーション付きでするするわかる現代語全訳。

今昔物語
福永武彦訳
平安末期に成り、庶民の喜びと悲しみを今に伝える今昔物語。訳者自身が選んだ155篇の物語は名訳を得て、より身近に蘇る。（池上洵一）

徒然草・方丈記
大伴茫人編
古典を読みはじめたい、読みなおしたいと思う読者のための古典入門書。各段とも現代語訳から入り、原文とていねいな語釈を付した。

アーサー王ロマンス
井村君江
アーサー王と円卓の騎士たちの謎に満ちた物語。戦いと愛と聖なるものを主題にくり広げられる一大英雄ロマンスの、エッセンスを集めた一冊。

タオ——老子
加島祥造
さりげない詩句で語られる宇宙の神秘と人間の生きるべき大道とは？ 時空を超えて新たに甦る『老子道徳経』全81章の全訳創造詩。待望の文庫版！

ギリシア悲劇（全4巻）
荒々しい神の正義、神意と人間性の調和、人間の激情と心理。三大悲劇詩人（アイスキュロス、ソポクレス、エウリピデス）の全作品を収録する。

ダブリンの人びと
ジェイムズ・ジョイス
米本義孝訳
20世紀初頭、ダブリンに住む市民の平凡な日常をリアリズムに徹した手法で描いた短篇小説集。リズミカルで斬新な新訳。各章の関連地図と詳しい解説付。

荒涼館（全4巻）
C・ディケンズ
青木雄造他訳
上流社会、政界、官界から底辺の貧民、浮浪者まで巻き込んだ因縁の訴訟事件。小説の面白さをすべて盛り込み壮大なスケールで描いた代表作。（青木雄造）

ボードレール全詩集I
シャルル・ボードレール
阿部良雄訳
詩人として、批評家として、思想家として、近年重要度を増しているボードレールのテクストを世界的な学者の個人訳で集成する初の文庫版全詩集。

レ・ミゼラブル（全5巻）
ユゴー
西永良成訳
慈愛あふれる司教との出会いによって心に光を与えられ、ジャン・ヴァルジャンは新しい運命へと旅立つ——叙事詩的な長篇を読みやすい新訳でおくる。

ガルガンチュアとパンタグリュエル（全5巻）
フランソワ・ラブレー
宮下志朗訳
フランス・ルネサンス文学の記念碑的大作。〈知〉の一大転換期の爆発的エネルギーと感動をつたえる画期的新訳。第64回読売文学賞研究・翻訳賞受賞作。

猫語のノート
ポール・ギャリコ
西川治写真
灰島かり訳
猫たちのつぶやきを集めた小さなノート。その時の猫たちの思いが写真とともに1冊になった。『猫語の教科書』姉妹篇。（大島弓子・角田光代）

郵便局と蛇
A・E・コッパード
西崎憲編訳
日常の裏側にひそむ神秘と怪奇を淡々とした筆致で描く、孤高の英国作家の詩情あふれる作品集。新訳一篇を追加し、巻末に訳者による評伝を収録。

グリンプス
ルイス・シャイナー
小川隆訳
ドアーズ、ビーチ・ボーイズ、ジミヘンにビートルズ。幻のアルバムを求めて60年代へタイムスリップ。ロックファンに誉れ高きSF小説が甦る。

ブラウン神父の無心
G・K・チェスタトン
南條竹則／坂本あおい訳
ホームズと並び称される名探偵「ブラウン神父」シリーズを鮮烈な新訳で。「木の葉を隠すなら森のなか」などの警句と逆説に満ちた探偵譚。（高沢治）

ブラウン神父の知恵
G・K・チェスタトン
南條竹則／坂本あおい訳
独特の人間洞察力と鋭い閃きでブラウン神父が逆説に満ちたこの世界の在り方を解き明かす。全12篇を収録。新訳シリーズ第二弾。（甕由己夫）

ムーミンのふたつの顔
冨原眞弓
児童文学の他に漫画もアニメもあるムーミン。媒体や時期で少しずつ違うその顔を丁寧に分析し、本質に迫る。トリビア情報も満載。（梨木香歩）

ムーミンを読む
冨原眞弓
ムーミンの第一人者が一巻ごとに丁寧に語る、ムーミン物語の魅力！　徐々に明らかになるムーミン一家の過去や仲間たち。ファン必読の入門書。

短篇小説日和 西崎憲 編訳
短篇小説は楽しい! 大作家から忘れられたマイナー作家の小品まで、英国らしさ漂う一風変わった傑作を集めました。巻末に短篇小説論考を収録。

怪奇小説日和 西崎憲 編訳
怪奇小説の神髄は短篇にある。ジェイコブズ「失われた船」、エイクマン「列車」など古典的怪談から異色短篇まで18篇を収めたアンソロジー。

お菓子の髑髏 レイ・ブラッドベリ 仁賀克雄 訳
若き日のブラッドベリが探偵小説誌に発表した作品のなかから選ばれた15篇。ブラッドベリらしい、ひねりのきいたミステリ短篇集。

オシリスの眼 R・オースティン・フリーマン 渕上痩平 訳
忽然と消えたエジプト学者は殺害されたのか? 名探偵ホームズ最強のライバル、ソーンダイク博士が緻密なロジックで事件に挑む。英国探偵小説の古典。

エドガー・アラン・ポー短篇集 エドガー・アラン・ポー 西崎憲 編訳
ポーが描く恐怖と想像力の圧倒的なパワーは、時を超え深い影響を与え続ける。よりすぐりの短篇7篇を新訳で贈る。巻末に作家小伝と作品解説。

あなたは誰? ヘレン・マクロイ 渕上痩平 訳
匿名の電話の警告を無視してフリーダは婚約者の実家へ向かうが、その夜のパーティで殺人事件が起こる。本格ミステリの巨匠マクロイの初期傑作。

二人のウィリング ヘレン・マクロイ 渕上痩平 訳
本人の目前に現れたウィリング博士を名乗る男は誰か。「啼く鳥は絶えてなし」というダイイングメッセージの謎をめぐる冒険が始まる。 (深緑野分)

トーベ・ヤンソン短篇集 トーベ・ヤンソン 冨原眞弓 編訳
ムーミンの作家にとどまらないヤンソンの作品の奥行きと背景を伝える短篇のベスト・セレクション。「愛の物語」「時間の感覚」「雨」など、全20篇。

誠実な詐欺師 トーベ・ヤンソン 冨原眞弓 訳
〈兎屋敷〉に住む、ヤンソンを思わせる老女性作家。彼女に対し、風変わりな娘がめぐらす長いたくらみとは? 傑作長編がほとんど新訳で登場。

トーベ・ヤンソン短篇集 黒と白 トーベ・ヤンソン 冨原眞弓 編訳
ムーミンの作家ヤンソンは優れた短篇小説作家でもある。フィンランドの暗く長い冬とオーロラさながら、孤独と苦悩とユーモアに溢れた17篇を集める。

ちくま文庫

世《せ》界《かい》の犬《いぬ》の民話《みんわ》

二〇一七年一月十日　第一刷発行

編訳者　日本民話の会／外国民話研究会
（にほんみんわのかい／がいこくみんわけんきゅうかい）

発行者　山野浩一

発行所　株式会社　筑摩書房
東京都台東区蔵前二―五―三　〒一一一―八七五五
振替〇〇一六〇―八―四一二三

装幀者　安野光雅

印刷所　中央精版印刷株式会社

製本所　中央精版印刷株式会社

乱丁・落丁本の場合は、左記宛にご送付下さい。
送料小社負担でお取り替えいたします。
ご注文・お問い合わせも左記へお願いします。
筑摩書房サービスセンター
埼玉県さいたま市北区櫛引町二―六〇四　〒三三一―八五〇七
電話番号　〇四八―六五一―〇〇五三

ISBN978-4-480-43424-1 C0139